Cordula Bachmann

Warum reiten Hexen auf dem Besen?

Cordula Bachmann

Warum reiten Hexen auf dem Besen?

Die Kinder-Uni erklärt die Geheimnisse der Hexerei

Mit Illustrationen von
Bernd Wiedemann

Deutsche Verlags-Anstalt

Cordula Bachmann,
geboren 1967 in Detmold, ist promovierte Kulturwissenschaftlerin.
Sie schreibt und produziert als freie Autorin für verschiedene
Kinderprintmedien.

Bernd Wiedemann,
geboren 1970, ist einer der vielseitigsten jüngeren Zeichner und Illustratoren
des Landes. Er illustriert nicht nur Kinder-, Sach- und Fachbücher,
sondern zeichnet auch Cartoons und Graphic Novels.

Inhalt

7 Eine kleine Geschichte vorweg

11 Warum gibt es Hexen?

Im ersten Kapitel wird erklärt, warum Hexen überall auf der Welt zu finden sind. Wir erfahren, welche Rolle die Hexe spielt, wenn es Ärger im Dorf gibt, und warum kleine Kinder nicht ganz unschuldig am Magischen sind. Hier lernt ihr auch die Zande kennen, die sich einfach nicht damit abfinden können, dass eine Hütte gerade dann zusammenbricht, wenn sie darunter sitzen.

45 Warum leben Hexen allein?

In diesem zweiten Kapitel dreht sich alles um den Lebensstil der Hexe, und der ist schon sehr eigenartig. Sie lebt meist mit schwarzen Tieren zusammen. Verarbeitet Kröten in ihrer Küche. Trägt verlotterte Kleidung und komische Kopfbedeckungen. Vorzugsweise ist sie nachts unterwegs, und man weiß nie so recht, woran man bei ihr ist. Hier erfahrt ihr, warum die Hexe so lebt, wie sie lebt, und warum sie besser alles allein macht.

79 Warum ist das Zaubern streng verboten?

Dieses Kapitel sollte nur lesen, wer starke Nerven hat. Es geht um Hexenwahn und Folterkammern. Die Hexenverfolgung ist ein dunkles Kapitel in der Geschichte Europas. Wir werden aber ein wenig Licht in dieses hineinbringen und danach fragen, warum die Menschen solche Angst vor Hexen hatten und wer sich trotzdem auf die Seite der armen Frauen schlug. Außerdem wird erklärt, was die Kleine Eiszeit mit den Hexenjagden zu tun hatte.

109 Warum reiten Hexen auf dem Besen?

Können Hexen wirklich fliegen und wenn ja, wie? In diesem vierten Kapitel steht der Traum vom Fliegen im Mittelpunkt, der so alt ist wie die Menschheit selbst. Der Besenritt der Hexe ist nur eine unter vielen Flugalternativen. Wie es aber die Hexen machen, so ganz ohne Propeller und ohne heiße Luft, das könnt ihr hier nachlesen. Auch, warum auf einmal Ziegenbock und Ofengabeln bei den Hexen aus der Mode kamen.

147 Warum sind vor allem Frauen Hexen?

Waren Hexen gut oder böse? Oder sogar heilig? Das war nicht immer leicht zu entscheiden. Das Leben von Frauen sah früher ganz anders aus als heute. Da gab es die Beginen. Und wer war Johanna von Orléans? Und warum landete Sibylla am Ende doch noch in einem Kerkerloch? In diesem fünften Kapitel wird das Schicksal verschiedener Frauen in Zeiten des Hexenwahns beschrieben.

181 Was machen Hexen heute so?

Im letzten Kapitel geht es um die modernen Hexen. Sie fahren Auto, surfen im Internet, sind immer frisch geduscht und basteln sich ihre eigene Religion zusammen. Das Image der Hexe hat sich in den letzten Jahrzehnten stark gewandelt. Viele Frauen bezeichnen sich selbst als Hexe und sind stolz darauf. Außerdem wird hier erklärt, was Okkultkommerz ist und warum man davon besser die Finger lässt.

219 Woher weiß man das alles über die Hexen?

Eine kleine Geschichte vorweg

Es war einmal ein Mädchen. Martha war zehn Jahre alt, und ihre beste Freundin, die Tochter des Bürgermeisters, hieß Anna. Jeden Tag verbrachten sie gemeinsam. Sie fuhren mit dem Rad zum See, gingen schwimmen, machten nebeneinander sitzend ihre Hausaufgaben, tuschelten und kicherten. Wenn sie nicht zusammen sein konnten, telefonierten sie stundenlang miteinander, was ihre Eltern fast verzweifeln ließ. Die beiden Mädchen waren die allerbesten Freundinnen. Bis eines schönen Tages – nein, eines eigentlich nicht schönen Tages, denn am Himmel türmten sich Gewitterwolken, und Windböen kündigten einen schrecklichen Sturm an – Anna und Martha im Baumhaus im Garten von Annas Eltern saßen und in Streit gerieten. Sie wollten das Märchen »Rapunzel« nachspielen, konnten sich aber nicht einigen, wer Rapunzel und wer der Prinz sein sollte. Martha rief: »Aber du willst immer die Prinzessin sein.« Anna widersprach: »Gar nicht wahr, letzte Woche warst du die Schneekönigin!« Martha: »Höchstens für zehn Minuten.« Anna: »Mindestens eine halbe Stunde.« Martha: »Lügnerin!« Anna: »Du bist bloß sauer, weil ich lange blonde Haare hab und du nicht.« In ihrem Zorn sagte Martha: »Und dein Vater wird sowieso nie wieder Bürgermeister.« Sie war selbst erstaunt, als sie sich selbst so reden hörte, aber die Worte waren einfach aus ihr herausgepurzelt, sie hatte sie nicht aufhalten können. Gesagt war gesagt, es war zu spät, dies zu ändern. Trotzig verstummte sie. Anna schaute sie verdutzt an. Was hatten ihr Vater und sein Amt als Bürgermeister mit ihrem Streit zu tun? Martha kletterte die Strickleiter hinunter, und ohne sich noch einmal zu ihrer Freundin umzudrehen, verschwand sie aus dem Garten.

In der nächsten Woche stand die Wahl zum Bürgermeister an, und jeder nahm an, dass Herr Gutekunst – so hieß der Vater von Anna – wieder gewählt werden würde. Herr Gutekunst war schon seit zwölf Jahren Bürgermeister der kleinen Gemeinde, und alle waren sehr zufrieden mit ihm. Er schüttelte jedem die Hand und hörte sich die Sorgen seiner Bürger geduldig an. Niemand – außer einem kleinen Mädchen namens Martha – rechnete damit, dass man ihn in seinem Amt nicht bestätigen könnte. Und als die abgegebenen Wählerstimmen ausgezählt waren, rieben sich alle die Augen, denn der blasse und wenig beliebte Herr Schiewelbein hatte mit drei Stimmen Vorsprung die Wahl gewonnen. Man konnte es kaum glauben, weshalb man sämtliche Stimmen noch einmal auszählte. Aber es blieb dabei: Herr Gutekunst war abgewählt.

Sichtlich geschockt kam er nach Hause, setzte sich an den Küchentisch und stierte vor sich hin. Was sollte er nun tun? Er war doch schon seit so langer Zeit Bürgermeister und hatte in seinem Amt immer alles so gut wie möglich gemacht. Als Anna in die Küche trat, sah sie, wie niedergeschlagen ihr Vater war. Sie streichelte ihm über den Kopf. »Papa, sei nicht traurig«, sagte sie, »das ist nicht deine Schuld. Die Wahl war verhext.« Herr Gutekunst lächelte matt. Er fand es rührend, wie seine Tochter ihn zu trösten versuchte. Anna aber sprach nie wieder ein Wort mit Martha.

Warum gibt es Hexen?

Warum gibt es Unglück? Warum das Böse in der Welt? Die Vorstellung, dass es Hexen sind, die mit Zauberei, einem gemeinen Blick und magischen Zeremonien Schaden anrichten, ist in fast allen Kulturen verbreitet. Wieso wird jemand krankt und stirbt? Weshalb vernichtet ein Unwetter die Ernte? Warum geht ein Haus in Flammen auf? Bevor Wissenschaften wie Medizin und Meteorologie uns Erklärungen für die Entstehung von Krankheiten und die Launen des Wetters lieferten, suchten die Menschen anderswo nach den Ursachen für solche Schicksalsschläge. Wenn sich Unglücksfälle häuften oder aus heiterem Himmel über die Leute hereinbrachen, dann musste Hexerei im Spiel sein. Bis heute gehört der Hexenglaube in vielen Gegenden zum Alltag. Aber natürlich sehen die Hexen überall verschieden aus. In Südamerika zum Beispiel reitet die Hexe nicht auf dem Besen, sondern zeigt sich in Gestalt einer schönen Frau, um ahnungslose junge Männer zu verwirren. Deshalb haben die Menschen auf der ganzen Welt das gleiche Problem: Wie erkennt man eine Hexe?

Überall auf der Welt glauben Menschen, dass es Hexen gibt, und überall auf der Welt ähnelt sich dieser Glaube. Das hat die Hexenforscher stutzig gemacht. Wie kann das sein? Wo es doch sonst gewaltige Unterschiede in sämtlichen Bereichen des Lebens gibt: beim Essen, in der Kleidung, der Kindererziehung, bei der Aufgabenverteilung zwischen Männern und Frauen, bei dem, an welchen Gott geglaubt wird. Aber bei den Hexen herrscht weltweit eine große Übereinstimmung. Auch wenn sie unterschiedliche Namen haben und sich äußerlich sehr voneinander unterscheiden, so gibt es doch verblüffende Gemeinsamkeiten.

Zunächst einmal ist eine Hexe böse. Sie verursacht Böses mit magischen Mitteln. Sie bringt Unheil über die Menschen, indem sie diese krank werden lässt oder ihnen sogar den Tod schickt. Sie kann jemanden so verhexen, dass er ein Unglück nach dem anderen erfährt. Die Hexe kann aber auch »Wetter machen« oder Heuschrecken rufen, die die Ernte auffressen und den Menschen dadurch Hunger und Not bringen. Überall auf der Welt sagt man den Hexen nach, dass sie Kinder rauben und gierig auf Kinderfleisch und Kinderseelen sind. Außerdem besitzen sie die Fähigkeit, sich in Eulen, Katzen oder Schlangen zu verwandeln. Haben sie eine Tiergestalt angenommen, nähern sie sich meist in der Nacht ihren Opfern und stehlen ihnen das Leben. Fast jeder weiß, dass Hexen fliegen können und so ihr Unwesen an entfernten Orten treiben können.

Um der Hexerei beizukommen, braucht man ein Gegenmittel. Auch diese ähneln sich auf der ganzen Welt. Wichtig aber sind zuvor die Experten, die die Fähigkeit besitzen, Hexen grundsätzlich zu

---

TOGEHBI AUS SÜDKOREA

In Südkorea treibt eine Hexe ihr Unwesen, die Togehbi genannt wird. Sie ist mit Fell bekleidet, und auf dem Kopf zeigen sich zwei kurze Hörner. Stets trägt sie eine Keule mit sich herum, die mit scharfen Stacheln gespickt ist. Togehbi hat die Angewohnheit, aus dem Nichts aufzutauchen und die Menschen zu erschrecken. Aber manchmal kehrt sie ihre gute Seite hervor und belohnt die freundlichen Erdenbürger.

> **MANANGGAL VON DEN PHILIPPINEN**
>
> Mananggal ist eine richtige Dämonin und führt ein sehr merkwürdiges Doppelleben. Tagsüber ist sie eine ganz normale junge Frau mit langen Haaren und grünen Augen, die in einem Dorf zu Hause ist. Nachts aber trennt sie ihren Unterleib von ihrem übrigen Körper ab und versteckt ihn unter den Blättern eines Bananenbaumes. Nur mit ihrem Oberkörper fliegt sie los und sucht sich ihre Beute: Ihre Vorliebe sind Kinder und schwangere Frauen, die sie massakriert. Manchmal schluckt sie auch die Schatten der Menschen und tötet sie dadurch. Mananggal kann man nur bekämpfen, wenn man ihren Unterleib findet und ihn zerstört.

erkennen. Zunächst stellen sie fest, von wem die Hexerei ausgeht. Erst dann, wenn die Person oder das Wesen identifiziert ist, ergreifen sie bestimmte Maßnahmen, um den Zauber zu bannen. Sie veranstalten geheimnisvolle Zeremonien, bereiten eine Medizin vor, sagen einen Spruch auf oder hantieren mit einem Amulett. Je nachdem, wo sie leben, nennt man sie Medizinmänner, Schamanen oder Hexendoktoren. Sie alle setzen sich mit ihren Möglichkeiten für das Gute ein, wollen nichts anderes, als die bösen Kräfte zu bekämpfen. Zu allen Zeiten wurden und werden Hexen nicht nur verdächtigt und gejagt, sondern auch getötet. Und auch dabei zeigt sich eine weitere Gemeinsamkeit: Um eine Hexe aus der Welt zu schaffen, ist das Feuer das favorisierte Mittel.

Die großen Ähnlichkeiten im Hexenglauben haben bei einigen Forschern zu der Vermutung geführt, dass dieser einen gemeinsamen Ursprung hat – wobei seine Verbreitung durch Völkerwanderungen passiert sein soll. Einen Haken hat die Erklärung jedoch: Es ist unmöglich, sie zu beweisen.

> **SIGUANABA AUS SÜDAMERIKA**
>
> Siguanaba sieht aus wie eine schöne Indianerin. Mit ihren langen schwarzen Zöpfen, strahlenden Augen und schneeweißen Zähnen sitzt sie am Flussufer und wartet darauf, dass ihr die nichts ahnenden Männer verfallen. Da sie eine böse Hexe ist, verführt sie die Männer zuerst, anschließend werden sie ertränkt. Man kann Siguanaba nur an ihren Augen als Hexe erkennen. Die Lider schließen sich nicht von oben nach unten, sondern von unten nach oben.

14 WARUM GIBT ES HEXEN?

Zwar haben Archäologen jahrtausendealte Felsenbilder und Höhlenmalereien untersucht und festgestellt, dass der Hexenglaube und die Abwehr von Hexen eine lange Tradition haben. Aber trotzdem lässt sich nicht mit endgültiger Sicherheit sagen, was all dies ausgelöst hat.

Andere Wissenschaftler wiederum sind davon überzeugt, dass der Hexenglaube in jeder Gesellschaft eigenständig entstanden ist. Weil jede Gemeinschaft auf ein gewisses Maß an Harmonie und sozialen Frieden angewiesen ist, Menschen aber gern anderen die fettere Kuh, die schönere Frau oder das größere Haus neiden, suchen sie einen Schuldigen für das eigene Unglück. Und das ist dann – die Hexe. Dieses unheimliche Wesen kann man leicht für alles, was schiefläuft, verantwortlich machen.

BANSHEE AUS IRLAND

Banshee hat ein totenbleiches Gesicht und ständig gerötete Augen. Kein Wunder bei ihrem harten Job. In ihrem grünen Kleid tritt sie vor Menschen, und sofort beginnt sie zu klagen und zu schreien. Das klingt so fürchterlich, so qualvoll, dass derjenige, der das hört, augenblicklich stirbt.

Aberglaube im Dorf – Kuhklaue statt Becher

Wie viele Menschen trifft jemand im Laufe seines Lebens? Alle Fahrkartenverkäufer, Friseure, Zufallsbekanntschaften und Klassenkameraden zusammengerechnet, sind es wahrscheinlich mehr als 100 000 Personen. Vor fünfhundert Jahren sah das noch ganz anders aus, da begegnete ein Mensch von seiner Geburt bis zu seinem Tod ungefähr 350 Individuen. Das war überschaubar. Da konnte man sich fast noch alle Gesichter und die dazugehörigen Namen merken.

Überhaupt unterschied sich das Leben vor einem halben Jahrtausend doch sehr von unserem heutigen. Es gab keine Autos, keine Eisenbahnen, keine Flugzeuge. Die meisten Menschen blieben ihr ganzen Leben am selben Ort. Sie arbeiteten, aßen, schliefen. Ihre einzige Abwechslung waren meist religiös begründete Feste oder außergewöhnliche Ereignisse wie die Geburt eines Kindes. Statt im Fernsehen Superstar-Sendungen zu sehen oder stundenlang an PlayStations zu hocken, erzählten sich die Leute Geschichten, die von Dorf zu Dorf weitergetragen wurden. Kleine Grusel- und Schauergeschichten, die ein bisschen Aufregung im alltäglichen Einerlei versprachen. Ziemlich beliebt waren Geschichten von nächtlichen Hexentreffen. Eine, die im Südwesten von Deutschland erzählt wurde, geht so:

Drei Spielleute kamen nachts beim Heimgehen von einem Kirchweihfest zu einem hell erleuchteten

Waldschloss, aus dem lustige Tanzmusik zu hören war. Um noch etwas Geld zu verdienen, gingen die drei Männer hinein. In einem Saal im oberen Stockwerk tanzten eine Menge unglaublich schöner Frauen zu einer heiteren Flötenmusik. Der Musikant stand auf einem Tisch und blies mit aller Kraft auf seinem Instrument. Die Spielleute kletterten zu ihm hinauf und setzten ihre Geigen an. Während sie so spielten, nahm einer aus dem Trio, der Bassgeiger, einen goldenen und einen silbernen Becher vom Tisch und steckte sie in die Tasche. Plötzlich schlug es Mitternacht. Im Nu waren die Frauen und der Flötist verschwunden, und die drei Spielleute standen allein im Dunkeln. Nach einer Weile merkten sie, dass es gar nicht mehr der Tisch war, der sich unter ihren Füßen befand, sondern sie auf dem Ast eines Baumes saßen. Einer von ihnen sprang hinunter, und weil er nicht sehen konnte, wie tief er fallen würde, brach er sich das Genick. Die beiden anderen blieben daraufhin auf ihrem Ast sitzen, bis es Tag wurde. Mit Sonnenaufgang konnten sie erkennen, dass sie sich auf einer hohen Tanne befanden. Nur unter großen Mühen schafften sie es hinabzuklettern. Unten angekommen, wollte sich der Bassgeiger die Becher genauer anschauen. Als er sie aus seinen Hosentaschen hervorholte, waren es lediglich Kuhklauen.

Die Menschen erzählten sich aber nicht nur Geschichten von tanzenden Hexen, sie waren auch davon überzeugt, dass viele Ereignisse durch Hexerei bewirkt wurden. Der Hexenglaube gehörte so selbstverständlich zu ihrer Welt wie das Auf- und Untergehen der Sonne. Durch die Hexen ließen sich Dinge erklären, für die man keine andere, sinnvolle Ursache finden konnte.

Am nächsten kommt man der Sache, wenn man sich die Magie als eine übernatürliche Energie vorstellt. Hexen und zauberkundige Personen wissen, wie sie diese besonderen Kräfte beherrschen und in ihrem Sinne einsetzen können. Magische Kräfte finden sich in ganz verschiedenen Dingen. Das können Steine oder Schriftstücke, Tiere, Pflanzen, Worte oder Substanzen sein.

> **SCHWARZE UND WEISSE MAGIE**
>
> Der Schwarze Magier will Menschen, Situationen und Gegenstände mit Beschwörungsformeln negativ beeinflussen. Das Gegenteil davon ist die Weiße Magie. Hier geht es um hilfreiche, schützende Zauberkräfte, die etwa zur Heilung von Krankheiten eingesetzt werden. Mit der Weißen Magie versucht man selbstverständlich auch die Schwarze Magie abzuwehren.

Aber wie kommt jemand zu dieser magischen Befähigung? Es gibt Kulturen, die davon ausgehen, dass dieses Talent vererbt wird. In anderen muss man eine Lehrzeit durchlaufen, in der man in das geheime Wissen eingeweiht wird. Oder die Gesellschaft entdeckt in einer Person besondere Fähigkeiten. Es kann aber auch sein, dass sich eine Person einfach zum Magischen berufen fühlt und genug Überzeugungskraft besitzt, um andere zu einer ähnlichen Einsicht zu bewegen. Auf diese Weise kann sie auch den Status eines Zauber- und Magiekundigen erlangen.

Wenn solche Personen ihre besonderen Fähigkeiten zum Nutzen der Menschen einsetzen, werden sie als Heilkundige angesehen und genießen einen guten Ruf. Wenn sie dies aber zum Nachteil der Menschen tun, gelten sie als Hexen oder Hexer und werden gefürchtet und gehasst.

Bevor sich eine wissenschaftliche Sicht der Welt durchsetzte, war das magische Denken kein Ausnahmefall, der vielleicht zweimal im Jahr eintrat, wenn wirklich etwas schiefging. Die Menschen waren ständig damit beschäftigt, mit Zauberamuletten, Beschwörungsformeln oder verabreichten Kräutermixturen Unheil von sich und ihrer Familie fernzuhalten. Niemand sah damals eine Mutter merkwürdig an, wenn sie eine offene Schere vor das Bett ihres neugeborenen Babys legte, um böse Einflüsse und Geister abzuwehren. Denn die Geburt eines Kindes war nicht nur ein freudiges Ereignis, sondern auch ein von vielen Sorgen begleitetes, da die Kindersterblichkeit damals viel höher war als heute. Ein Kind bedurfte besonderen Schutzes.

Also: Viele Ereignisse im Leben eines Menschen, die mit einer Veränderung und dadurch auch mit

Verunsicherungen verbunden waren, wurden durch magische Maßnahmen begleitet. Bei einer Geburt, einer Heirat, einer längeren Reise oder bei einer Verletzung wurden zaubermächtige Handlungen durchgeführt, um Schaden entgegenzuwirken oder zu lindern. Aber natürlich gaben die vielfältigen Maßnahmen zur Schadensabwehr auch Anlass zu Missverständnissen. Wenn jemand ein bekanntes magisches Ritual plötzlich anders ausführte, so konnte schon einmal der Verdacht aufkommen, dass es böse gemeint war. Allein das Aussprechen von Drohungen, Verwünschungen und Flüchen war gefürchtet. Wenn jemand im Streit zu seinem Gegenüber sagte, er solle sich Hals und Bein brechen, und der sich kurz darauf tatsächlich den Fuß verknackste, glaubte man, dass Hexerei im Spiel war.

Viele magische Rituale basieren auf dem Analogiezauber. Das heißt: Die zauberische Handlung ähnelt dem Ergebnis, das erreicht werden soll. Die Zauberei imitiert im Kleinen die Wirkung, die sie im Großen erreichen soll. Ein typischer Analogiezauber ist das Zerstoßen von Blüten mit einem Mörser, um damit alles, was blüht, zu vernichten. Ein anderer Analogiezauber ist durch das Romanusbüchlein bekannt geworden. In diesem Zauberbuch, das seit 1788 gedruckt vorliegt, ist der Prügelsteckenfernzauber überliefert. Und der geht so: »Lege einen Kittel auf einen Maulwurfshügel, schlage mit einem Stecken auf den Kittel und nenne des Menschen Namen, welchen du prügeln willst, und schlage tapfer zu, so wirst du denselben ebenso hart treffen, als wenn er selber darunter wäre, und doch viele Meilen Wegs von dem

Ort ist.« Wie konnte es sein, dass die Menschen sich so sehr hassten, dass sie auf ein unschuldiges Kleidungsstück einschlugen?

Das Zusammenleben in einem Dorf war nicht immer gemütlich. 350 Menschen, die man während seines ganzen Lebens traf, das war nicht viel. Was, wenn einem die Leute nicht passten oder sie einen nicht leiden konnten? Was, wenn man Streit mit seinen Nachbarn bekam? Oder man selbst als Zauberer oder Hexe beschimpft wurde? Man konnte nicht einfach weggehen. Die Menschen mussten miteinander auskommen, denn es existierte kaum eine Alternative zu ihrem kleinen Leben in der dörflichen Gemeinschaft.

Unter solchen Bedingungen spielten Neid, Missgunst, Eifersucht, Macht und Kontrolle eine große Rolle. Die Menschen beobachteten sich gegenseitig: Wie ist es nur möglich, dass die Tiere vom Bauer Welsch fett und gesund sind, während die von allen anderen eher mager und kränklich aussehen? Wieso ist der Rahm des Nachbarn süß und schmackhaft, während die eigene Milch ständig sauer wird? Solche Fragen wurden in Zeiten, in denen bei einigen Bauern Ernten komplett ausfielen, man gegen Tierseuchen kaum Mittel hatte und Hungersnöte keine Seltenheit waren, immer wieder gestellt. Und Erklärungen fand man in der Hexerei. Bevor sich der Bauer, dessen Milch immer verdarb, fragen musste, ob er vielleicht selbst sein Unglück verursacht hatte, weil er den Stall nicht sauber genug hielt oder die Milchkannen nicht ordentlich reinigte, war es viel bequemer, die Schuld woanders zu suchen: bei den Hexen. Das erleichterte! Endlich wusste man, woher das Unheil kam. Man musste sich nicht mehr hilflos und ohnmäch-

---

ANALOGIE

Mit Analogie bezeichnet man etwas Gleichartiges, Übereinstimmendes, Ähnliches. So vergleicht man den Aufbau eines Atoms, bei dem Elektronen um einen Kern kreisen, mit dem eines Planetensystems, in dem Planeten ein Zentralgestirn wie die Sonne umkreisen.

tig fühlen, den Launen des Schicksals ausgeliefert. Und man konnte nun auch etwas unternehmen, etwa einen Gegenzauber. Außerdem konnte man die Person, die das Unglück gebracht hatte, anklagen und anschließend aus dem Dorf jagen oder gar verbrennen. Danach fühlte sich der Geschädigte befreit. Die Bedrohung war gebannt, man konnte wieder zur Tagesordnung übergehen, man hatte ja einen Sündenbock ausgemacht und entsprechend bestraft.

Was haben Babys mit Magie zu tun?

Der Hexenglaube hat also eine bestimmte Funktion, wenn Menschen sich streiten oder von einem unerklärlichen Schicksal getroffen werden. Das reicht aber noch nicht aus, um die weltweit verbreiteten Gemeinsamkeiten im Hexenglauben zu erklären.

Interessant ist hierbei das Denken von Kindern. Ein Psychologe aus der Schweiz, er hieß Jean Piaget (1896–1980), hat sich intensiv damit beschäftigt. Ihm ist bei seinen eigenen drei Kindern aufgefallen, dass sie in einem bestimmten Alter alle die gleichen, teilweise sehr lustigen Denkfehler machten. Also hat er sich mit ganz vielen Kindern hingesetzt und ihnen Fragen gestellt, zum Beispiel über den Mond. Piaget fragte einen siebenjährigen Jungen, ob sich der Mond bewegt oder ob er sich nicht bewegt. Daraufhin sagte der Junge: »Er folgt uns nach.« Warum tut er das?, wollte Piaget nun wissen. Der Junge – er hieß Giamb – erwiderte: »Wenn man geht, geht er auch.« Der Psychologe fragte weiter: »Wer macht, dass der Mond sich bewegt?« Und Giamb war sich bei seiner Antwort ganz sicher: »Wir. Wir machen, dass der Mond sich bewegt, und das tun wir durch unsere Bewegung.«

Ganz ähnliche Gespräche hatte Piaget mit anderen Kindern, mit denen er ebenfalls über den Mond sprach, aber auch über die Wolken. Alle Kinder bis zu einem bestimmten Alter nahmen an, dass es einen direkten Zusammenhang zwischen ihren Bewegungen und der Bewegung der Wolken oder der Gestirne am Himmel gab. Piaget nannte diese Art zu denken »Partizipation«, was Teilnahme bedeutet. Die Kinder glaubten, dass die Dinge in der Welt an ihrem Handeln und Vorstellen teilnehmen. So zu denken, ist die Grundform der Magie. Denn das, was ein einzelner Mensch im Kleinen tut, hat allein durch die Ähnlichkeit Auswirkungen in größeren Zusammenhängen. Giamb geht, und der Mond folgt ihm.

Doch es wird noch spannender: Die Kinder glaubten nämlich nicht nur, dass sie die Dinge bewegen konnten. Sie hielten auch alles, was auf der Welt war, für lebendig. Als Piaget ein fünfjähriges Kind fragte, warum die Sonne aufgeht, sagte es: »Weil die Sonne scheinen will.« Ein Kind in diesem Alter ist davon überzeugt, dass die Sonne genauso wie es selbst einen Willen hat. Ähnlich wird ein Baum betrachtet: Er wächst, weil er wachsen will. Oder das Auto: Es fährt, weil es fahren will. Kleine Kinder haben noch keine Ahnung von Naturwissenschaften, von Schwerkraft und Rotation, von Ottomotoren und so weiter. Das einzige Bewegungsgesetz, das sie kennen, ist ihr Wille. Deshalb sind sie überzeugt, dass alles auf der Welt einen Willen hat und einen Geist. Diese Vorstellung nennt man Animismus.

ANIMISMUS

Animismus umfasst die verschiedensten Urreligionen, in denen der Glaube herrscht, dass alle Erscheinungen und Dinge in der Welt beseelt sind. Jeder Stein, jeder Baum, jeder Ort, jedes Tier hat eine eigene Seele und einen Willen, den es zu ergründen gilt, um diese Kräfte lenken zu können.

Es bleibt aber noch zu klären, wieso der Zauber auch wirkt. Wieso gehorcht der Mond dem Kind und wieso hört der Besen auf die Hexe? Weshalb funktioniert der Prügelsteckenfernzauber? Auf diese Frage fand ein anderer bedeutender Herr eine Antwort. Er hieß Sigmund Freud, war ein Wiener Arzt und hat die Psychoanalyse erfunden. Freud erforschte die Seele, das Denken und die Gefühle der Menschen und entdeckte dabei etwas, das er »die Allmacht der Gedanken« nannte.

Bei Kleinkindern kann man diese »Allmacht der Gedanken« besonders gut beobachten, aber auch bei Erwachsenen lässt sie sich feststellen. Sie passen nur besser auf, dass keiner es bemerkt. Wenn Kinder noch ganz klein sind, erleben sie die Welt so, als ob sich alles nach ihren Wünschen, Gedanken und Gefühlen richtet. Kaum dass sie Hunger haben und einen Quieker von sich geben, kommt jemand angelaufen und kümmert sich um sie, gibt ihnen zu essen und zu trinken. Liegen sie auf dem Boden und können das schöne Spielzeug nicht erreichen – ein Schrei, und schon erscheint eine hilfreiche Tante oder eine andere Person und reicht es ihnen. Klappert damit sogar noch vor der Nase herum, damit es schön quietscht. Alle Wünsche werden prompt erfüllt. Das Baby hat das Gefühl, dass es allmächtig ist. Kaum will es etwas, im Nu kommt es angeflogen. Durch diese Erfahrung gewöhnt das Kind sich an, den Dingen »Befehle zu erteilen«.

In diesem Stadium interessieren sich die Kinder ausschließlich für die eigenen Wünsche und glauben, der Rest der Welt würde das Gleiche wie sie

24 WARUM GIBT ES HEXEN?

denken. Wenn diese Kinder älter werden, führt das natürlich unweigerlich zu Problemen. Erblicken sie einen Lutscher, werden sie sofort von dem Wunsch gepackt, diesen wunderbaren großen weiß-rot geringelten Lolli haben zu wollen. Ihr Wunsch nach dem Lutscher wird übermächtig, denn sie denken weder an Karies noch daran, dass vielleicht jemand anderes den Lutscher auch gern hätte oder dass

man ihn bezahlen muss. Nichts von alledem existiert im Kopf kleiner Kinder. Wenn ihnen also die besorgte Mama oder der vernünftige Papa den Lutscher verweigert, bekommen sie erst einmal einen Wutanfall. Wenn der schließlich vorbei ist, verfallen sie in eine große Trauer, denn sie können es einfach nicht fassen, dass ihr Wunsch nicht so allmächtig ist, wie sie es bislang gewohnt waren. Wenn sie sich aber von dieser Niederlage erholt haben, stellt sich mit großer Sicherheit ein neuer Wunsch ein: vielleicht Reiten auf dem Schaukelpferd. Das darf das Kind. Seine Welt ist wieder in Ordnung. Seine Gedanken und Wünsche sind eben doch allmächtig.

Bei kleinen Kindern ist diese Allmacht der Gedanken ganz normal. Sie verschwindet, je älter sie werden und je mehr sie über sich und ihre Umwelt lernen und erfahren. Trotzdem machen die meisten von ihnen noch als Jugendliche (die Erwachsenen sind davon nicht ausgeschlossen) kleine magische Gedankenspiele, wenn sie sich etwa sagen: »Trete ich auf dem ganzen Weg zur Schule nicht auf die Ritzen zwischen den Steinen, habe ich keine Fünf in Mathe.« Das ist harmlos, solange man weiß, es ist nur ein Spiel. Wenn man dann tatsächlich eine Drei bekommt, hat der Ritzenzauber funktioniert – oder lag es vielleicht doch daran, dass man vorher gelernt hatte? Die Menschen wissen, dass solche Spielchen ein bisschen verrückt sind. Sie sprechen selten darüber, weil sie ihnen auch wenig Beachtung schenken.

Es gibt aber auch Menschen, die wirklich magisch denken und deren Leben von magischen Vorstellungen beherrscht wird. Sie leben in der stetigen Angst, dass ein Unglück geschieht, wenn sie

> **ALLMACHT DER GEDANKEN**
>
> Eine Frau musste jeden Morgen, wenn sie zum Zug ging, die Schläge des Glockenturms zählen. Andernfalls, so glaubte sie, würde ihr ein Unglück geschehen. Da sie immer brav zählte und nie etwas passierte, sah sie sich in ihrem Denken bestätigt.

> **SIGMUND FREUD**
>
> wurde 1856 geboren und starb 1939. Er gilt als der Begründer der Psychoanalyse, jener Lehre, die die Seele enträtselt. Seine wichtigste Behauptung ist, dass der Mensch nicht nur durch seine Vernunft geprägt ist, sondern vor allem auch durch seine Triebe, Wünsche und Sehnsüchte. Da die Gesellschaft aber lieber vernünftig denkende Mitbürger hat als Menschen, die sich ihren eigenen Lustvorstellungen hingeben, werden diese Triebe durch Erziehung etwa stark kontrolliert und unterdrückt. Daraus ergeben sich Konflikte, die sich als Krankheiten zeigen, manchmal aber auch zu großen Leistungen anspornen können.

26 WARUM GIBT ES HEXEN?

> **VERHEXTES DENKEN**
>
> Ein Mann war der festen Überzeugung, dass seine Gedanken unmittelbar Konsequenzen hätten. Dachte er an eine Person und traf er sie kurz darauf auf der Straße, so konnte dies nur mit seinen vorherigen Gedanken in einem Zusammenhang stehen. Erkundigte er sich nach jemandem, den er lange nicht gesehen hatte, und erfuhr, dass dieser Mensch in der Zwischenzeit gestorben war, führte er das – völlig absurd – auf sein Nachfragen zurück. Wenn er sich über jemanden ärgerte, so war er sicher, dass dieser Person in nächster Zukunft etwas zustoßen werde. Der Mann, er war sehr intelligent, konnte eine Reihe von Beispielen anführen, die seinen Glauben stützten.

nicht diese oder jene Regel erfüllen – zum Beispiel sich dreimal die Hände zu waschen oder mindestens bis Seite 13 zu lesen. Diesen Personen wird es immer gelingen, ihre Handlungen so zu gestalten, dass sich ihre magischen Riten bestätigen. Sie leiden unter einer Zwangserkrankung. Der Psychologe Sigmund Freud stellte durch die Unterhaltungen mit zwanghaften Menschen fest, dass ihr Verhalten viel mit Angst zu tun hat und dem Wunsch, die Dinge zu kontrollieren. Und genau darum geht es auch bei der Hexerei: Wer hexen kann, der hat eine besondere Macht und will sie andere spüren lassen.

Ganz schön mächtig, die Zauberei

Die Kinder, die die Bücher über den Zauberlehrling Harry Potter lesen, sind der magischen Phase längst entwachsen. Sie wissen ganz genau, dass Harry Potter eine literarische Figur ist, die von der englischen Schriftstellerin Joanne K. Rowling erfunden wurde. Trotzdem sind Millionen Menschen auf der ganzen Welt von Harry Potter begeistert. Warum?

Der Grund, warum Kinder, aber auch Erwachsene auf dem Besen herumfliegende Figuren wie Harry Potter mögen, liegt darin, dass diese mit einer besonderen Macht oder Kraft ausgestattet sind, die sie selbst auch gern hätten. Gerade Erwachsene können es verdammt schwer haben: Jeden Tag müssen sie zur Arbeit gehen und nervige Kollegen oder einen bösartigen Chef ertragen. Oder sie haben keine Arbeit, was noch schlimmer ist. Abends schleppen sie den schweren Einkauf nach Hause und haben nichts Besseres zu tun, als ihre aufmüpfigen Kinder zu ermahnen, ihre Hausaufgaben zu machen. Wie praktisch wäre es, wenn man dem Chef einen Beinklammerzauber verpassen und die schweren Einkaufstüten per Zauberstab die fünfundachtzig Stufen in den vierten Stock hinaufschweben lassen könnte! Schön wäre das.

Bei den Kindern sieht es nicht viel besser aus: jeden Tag die blöden Hausaufgaben machen. Auf dem Schulhof ärgern einen die älteren Schüler, und abends nerven die Eltern, weil man das Zimmer aufräumen soll. Ein bisschen Zauberei könnte so vieles erleichtern. Mit dem Umkehrzauber wären Eltern derart verhext, dass sie immer genau

> **DIEBESZAUBER**
>
> Es gibt viele Situationen im Leben, in denen eine kleine Zauberei sehr nützlich wäre. Zum Beispiel, wenn einem etwas gestohlen wurde. In früheren Zeiten war es für die Leute sehr schwer, ihr Eigentum zu schützen, denn es gab keine Safes und Banken. Da viel geklaut wurde, hatten die Wahrsager und Diebesbanner großen Zulauf, die versprachen, das Verschwundene wiederfinden zu können. Ein Mittel gegen Diebe waren »Wegwartwurtzen«, eine bekannte Zauberpflanze. Wenn man sich die unter das Kopfkissen legte, würde einem der Dieb im Traum erscheinen.

> **UNSTERBLICHKEIT**
>
> Warum ist es dem Menschen so wichtig, Macht zu haben? Im Unterschied zum Tier weiß er, dass er sterben muss. Er weiß um seine Endlichkeit. Dieses Wissen macht ihn ängstlich und vielleicht sogar wütend. Warum muss ausgerechnet er sterben? Angst aber weckt den Wunsch, Macht haben zu wollen. Vielleicht könnte man wenigstens dadurch eine Form von Unsterblichkeit erlangen?

das Gegenteil von dem sagen, was sie eigentlich aussprechen wollten. Die Hausaufgaben ließen sich in der Nacht mithilfe von Zaubertinte von ganz allein ins Schulheft schreiben. Und unter dem gestrengen Blick der Lehrerin würde die Tinte augenblicklich sichtbar werden. Und die fiesen Jungs aus der achten Klasse würden sich einfach in grunzende Schweine verwandeln, wenn sie mal wieder die Kleinen drangsalieren.

Zaubern zu können, das bedeutet, Macht auszuüben. In einer Welt, in der sich alle – Kinder wie Erwachsene – oft sehr ohnmächtig fühlen, ist das ein mächtiger Wunsch. Magie, Zauberei und der Glaube an böse Geister wie Hexen und Dämonen hängt also mit den Eigenschaften des Menschen zusammen: mit unseren Gefühlen, unserem Denken und dem Wunsch, die Dinge zu unseren Gunsten beeinflussen zu können.

Harry Potter ist aber nicht nur mächtig, weil er zaubern kann. Er ist auch ein guter Mensch, und erst das macht ihn zu einem wahren Helden, einem

> **LIEBESZAUBER**
>
> Schon immer wünschten sich die Verliebten, dass ihre Liebe auf Gegenliebe stoßen möge. Geschah das nicht, haben die Unglücklichen versucht, mit einem Liebeszauber ein bisschen nachzuhelfen. Die meisten sind allerdings ganz schön unappetitlich, denn vielfach handelt es sich um einen Trank oder Kuchen, in den die unglücklich Verliebten etwas von sich mit hineingerührt hatten: Fingernagelschnipsel, Urin, Schweiß, Spucke oder noch Schlimmeres. Sie glauben, wenn die Angehimmelten erst einmal einen Teil von ihnen in sich trügen, so würden sie auch den Rest begehren. Harmloser war es da schon, der angebeteten Person eine vergoldete Nuss unter das Kopfkissen zu legen.

wahren Zauberlehrling. Die Unterscheidung von Gut und Böse ist für die Zauberei und Hexerei wichtig. Denn erst durch gemeine Gefühle oder Charaktereigenschaften wie Neid, Hass, üble Nachrede, Eifersucht und Bosheit wird aus Zauberei Hexerei.

Wenn zum Beispiel ein Mann in jenem uns langsam bekannten mittelalterlichen Dorf mit vielen Frauen Beziehungen pflegte, weckte das den Unmut der anderen Männer. Sie fürchteten, dass auch ihnen Hörner aufgesetzt werden könnten. Und so fingen sie an, gegen den erfolgreichen Casanova Verdächtigungen auszusprechen. Sollte dieser vielleicht noch nicht einmal besonders gut aussehen oder schon ein bisschen älter sein, dann war es durchaus naheliegend, zu vermuten, dass seine Erfolge bei Frauen mit einem Liebeszauber zu erklären wären. Und schon stand er im Verdacht, ein Hexer zu sein. Oft reichte es aber auch aus, einfach nicht dem Bild der Allgemeinheit zu entsprechen, um als Hexer oder Hexe gebrandmarkt zu werden. Eine alte Frau, die allein lebte, durch irgendeine Krankheit vielleicht komisch aussah und am Leben des Dorfes keinen Anteil nahm, konnte schnell in Verdacht geraten, eine Hexe zu sein – einfach weil sie anders war und den allgemein erwünschten Vorstellungen nicht entsprach.

In Hogwarts, jener Zauberschule, auf die Harry Potter geht, werden die guten wie auch die bösen Magier unterrichtet. Am Ende entscheidet die eigene Persönlichkeit, ob sie gute Zauberer werden oder böse Zauberer. Harry Potter kämpft jedenfalls mit Mut, Klugheit und seinen magischen Kräften gegen das Böse, und deshalb lieben ihn Kinder genauso wie Erwachsene.

Das Unglück, das Unerklärliche und der Tod

Die Menschen stehen immer wieder vor dem Rätsel, warum »das Böse« in der Welt vorkommt. Warum gibt es Leid, Krieg, Krankheit und den Tod? Und *eine* Antwort, die sie darauf gefunden haben, ist die Hexerei.

In Gemeinschaften, in denen die Religion eine wichtige Rolle spielt, stellt sich nahezu automatisch die Frage, wieso der fürsorgliche und allmächtige Gott all diese schrecklichen Dinge geschehen lässt, wenn er sie doch eigentlich verhindern könnte. Und weil die Menschen darauf keine richtige Antwort fanden, halfen ihnen die Hexen, Dämonen und Teufel. Sie galten als die Gegenspieler des guten Gottes, als die Verursacher von Leid und Unglück.

Hexen oder böse Zauberer hatten ihre Finger immer dann im Spiel, wenn plötzliche Todesfälle und unerklärliche Krankheiten auftraten oder bei Gewitter ein Blitzeinschlag ein Haus oder eine Scheune in Brand setzte. Vor allem die Menschen auf dem Land erlebten Unwetter sehr unmittelbar und hatten oft Angst, dass ihre Existenz bedroht sein könnte. Dabei war es nicht so, dass jedes beliebige Ärgernis mit Hexerei in Verbindung gebracht wurde. Die Menschen kannten auch natürliche Erklärungen für Krankheiten oder Unglücksfälle. Wenn der Schicksalsschlag aber außergewöhnlich hart war oder wenn sich Unglücksfälle in merkwürdiger Weise häuften, dann zogen sie leicht Hexerei in Betracht.

So ein seltsamer Fall ereignete sich um das Jahr 1540 in St. Wendel. Das liegt im heutigen Saarland. Eine junge Dienstmagd, die den Ruf hatte, ein besonders ehrliches und zuverlässiges Mädchen zu sein, legte sich eines Tages ins Bett und sprach kein Wort mehr. Drei Tage ging das so. Ein kundiger Mann wurde gerufen, und nachdem er ihr einen Trunk zubereitet hatte, begann sie wieder zu reden. Für alle überraschend, verlangte das Mädchen, dass der Kirchendiener und die Gerichtsschöffen zu ihr kommen sollten, weil sie ihnen etwas sagen wollte. Diesen berichtete sie, dass in der Nacht vier Frauen an ihrem Bett gestanden und versucht hätten, ihr etwas einzuflößen. Sie nannte auch die Namen der Frauen. Also holte man diese an das Bett der armen Magd, und prompt spuckte sie Glasscherben und andere seltsame Dinge aus. Die vier Frauen wurden als Hexen angezeigt.

Wieso lag eine junge Frau, die nie durch irgendwelche Dummheiten aufgefallen war, auf einmal sprachlos im Bett? Bei solch eigenartigem Vorgang musste Hexerei im Spiel sein.

Der Vorwurf, jemand sei eine Hexe, wurde aber nicht immer direkt geäußert. Es konnte auch passieren, dass die Dorfgemeinschaft, die sich nicht mehr anders zu helfen wusste, an das nächste Gericht einen Brief schrieb, in dem die verdächtigen Ereignisse dargestellt wurden. Das taten beispielsweise einige Bürger im Jahr 1588, die ebenfalls im heutigen Saarland lebten. Bei dieser Geschichte ging es um eine Frau, die schon öfter durch zweifelhaftes Benehmen aufgefallen war. Aber, hört selbst: Zunächst hieß es in dem Schreiben, sie habe einem Nachbarn, der im Baum saß und die Birnen schüttelte, zugerufen, er solle sich Hals und Bein brechen. Das sei daraufhin auch tatsächlich geschehen. Als er mit seinem kranken Bein im Bett lag, sei besagte Lena nachts vorbeigekommen und habe ihm das Bein derart umgedreht, dass es nicht mehr heilte und schließlich abgetrennt werden musste. Als diesem Mann auch noch die Pferde krank wurden, fragte er einen Heilkundigen um Rat, denn es sei nun genug Unglück geschehen. Jener Mann sagte zu ihm, er solle einen dreibeinigen Stuhl vor das Feuer stellen, dann würde die Person, die den Pferden den Schaden angehext habe, kommen und sich daraufsetzen. Tatsächlich erschien Lena Meyer und nahm auf diesem Stuhl Platz.

Mehrere Male wurde sie von verschiedenen Leuten als »Hexkatz« beschimpft, was sie ohne Widerspruch hinnahm. Damit machte sie sich in den Augen der Leute noch verdächtiger. Außerdem wurde im Ort ein Ochse krank und einer Kuh blieb die Milch weg. In beiden Fällen tauchte Lena Meyer in dem Moment auf, als man die Hexerei bannen wollte.

Heute weiß man, dass es vielfältige Ursachen haben kann, wenn einer Kuh plötzlich die Milch wegbleibt. Vielleicht stand die Kuh unter Stress, vielleicht hatte sie eine Entzündung im Euter oder Fieber oder einen Nagel verschluckt, der im Vormagen festsaß und die Milch versiegen ließ. Von der Existenz von Bakterien und Viren wussten die Menschen damals noch nichts, und einen Nagel hätten sie nicht entdecken oder gar entfernen können.

Heutzutage würde man die kranke Kuh röntgen und operieren, man könnte auch mit einem kleinen Magnetkäfig den Nagel unschädlich machen. Und im Fall einer Infektion bekäme sie Antibiotika. Die Menschen im 16. Jahrhundert, die für solche beunruhigenden Vorkommnisse nur eine Erklärung parat hatten, nämlich Hexerei, griffen zu anderen Methoden. Eine Möglichkeit war, die Milch für die Hexe so unattraktiv zu machen, dass sie am Ende das Interesse daran verlor. Diesen Abwehrzauber beschreibt das alte Hülzweiler Zauberbuch so: »Man nehme eine Sichel und halte sie in das Feuer, bis sie glüht. Dann lösche man das heiße Metall in der Milch ab. Schließlich füge man noch Ruß und Schwefel hinzu, sodass die Milch den Hexen nicht mehr schmecke.«

Ein anderer Zauber war radikaler, besonders wenn es darum ging, dass die Hexe Milch gestohlen haben sollte. Bei ihm verfolgte man das Ziel, ihr persönlich Schaden zuzufügen. Dazu musste man Eisen kaufen und es noch am selben Tag schmieden lassen. Das Metallstück hatte viereckig zu sein, bei einer Länge von einer Spanne, also rund zwanzig Zentimetern. Sobald der Geschädigte am frühen Morgen das Eisen ins Feuer gelegt hatte, musste er Milch von der Kuh holen. Die nächste Aufgabe bestand darin, das heiße Metall in die Milch zu tauchen. Durch die Erhitzung ging sie nämlich in einen trockenen Zustand über. War das geschehen, würde die Hexe, die versucht hatte die Milch zu stehlen, sterben. Aber auch wenn die Milch nicht ganz eintrocknete, würde die böse Person hässliche Blattern an den Händen und im Gesicht bekommen.

Angst vor Hexerei war noch vor einigen hundert Jahren allgegenwärtig. Die Menschen glaubten, dass eine einfache Berührung, ein Anblasen oder Besprechen schon genügte, um Opfer einer Hexe

> **MILCHZAUBER**
>
> Wenn eine Kuh plötzlich keine Milch mehr gab, wurde in manchen Gegenden Deutschlands folgender Rat weitergegeben: »Ein dropffen milch von der kuw nehmen und in ein pfann uber des feur thun und mit einer ruten sehr in die pfan schlagen. Dann werde der kuw die milch widder khommen.«

zu werden. Deshalb beobachteten sie Personen, die im Verdacht standen, über besondere Kräfte zu verfügen, sehr genau und ergriffen auch vorbeugend Schutzmaßnahmen. Die Vermutung, dass es eine schädliche Wirkung haben könnte, »angeblasen zu werden«, wurde später von der Medizin für einige Infektionskrankheiten tatsächlich bestätigt: Husten, Schnupfen und auch diverse Kinderkrankheiten übertragen sich durch Tröpfcheninfektion. So steckte in den Vorstellungen von unheilbringenden Personen ein »Fünkchen Wahrheit«, da die Möglichkeit der Ansteckung wirklich bestand. Aber die Erklärungen, die Menschen damals dafür gaben, und die Schlüsse, die sie daraus zogen, gingen in eine ganz andere Richtung.

Warum hagelt es?

Am 26. Juni des Jahres 1588 ging in der bayerischen Gemeinde Schwabsoien ein Hagelsturm nieder. Die ganze Ernte wurde vernichtet, und die Bauern, die sowieso arm waren, verzweifelten fast. Der Bischof versprach, ihnen das Saatgut für das nächste Jahr zu schenken, aber das genügte den Betroffenen nicht. Die Verursacher sollten zur Rechenschaft gezogen werden. Die Bauern gingen vor Gericht und verlangten, dass man die Hexen, die man für das ganze Ungemach verantwortlich machte, verfolgte und bestrafte. In den darauffolgenden zwei Jahren wurden in Schwabsoien und Umgebung dreiundsechzig Hexen verbrannt.

Man kann sich leicht vorstellen, dass so ein plötzlich einsetzender Hagelsturm einem Menschen, der im Mittelalter lebte, unglaublich böswillig und

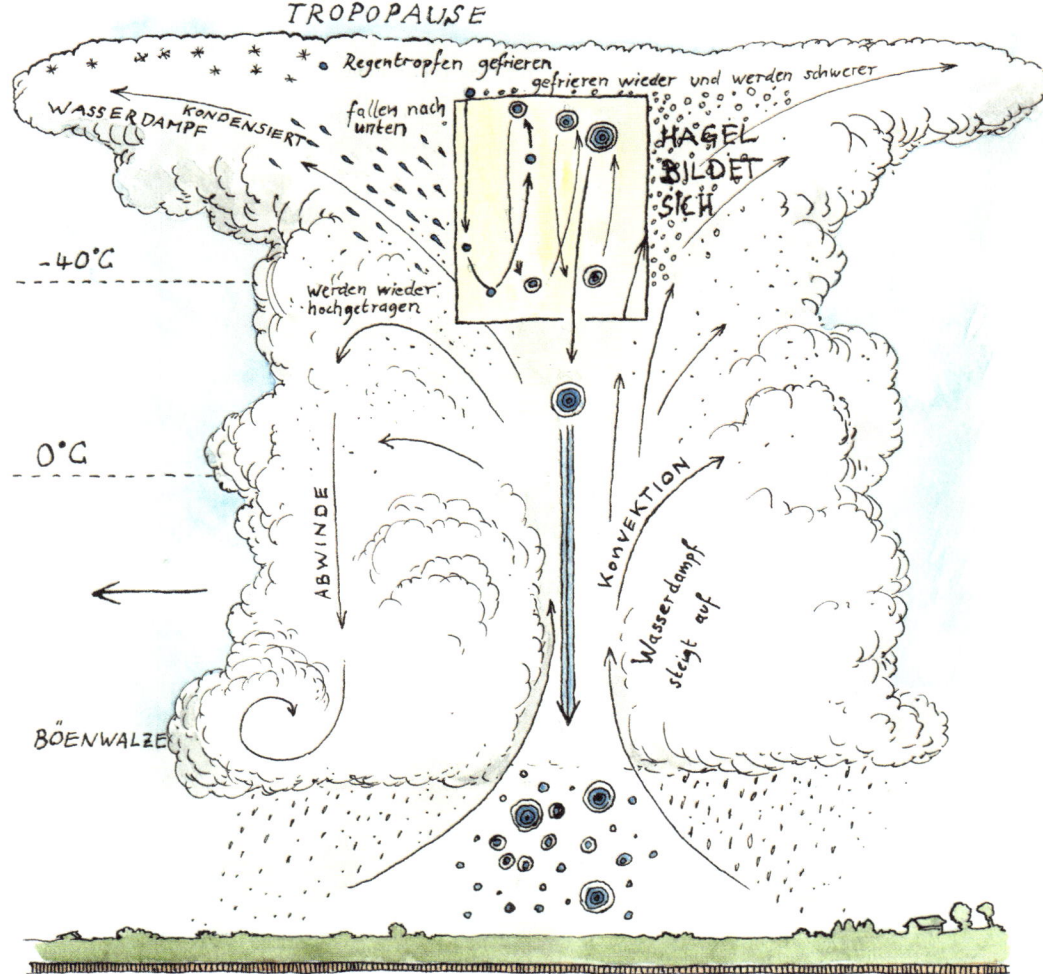

niederträchtig vorkommen konnte. Eiskalte und harte Kugeln flogen vom Himmel, und das zu Jahreszeiten, in denen die ersten zarten Pflanzen aus der Erde wuchsen oder gerade der Weizen und das Obst geerntet werden sollten. Alles zerstört! Auch im 16. Jahrhundert gab es noch keine Wetterwissenschaftler – Meteorologen –, die nachvollziehbare Erklärungen parat hatten. Etwa, dass Hagel in einer Gewitterwolke entsteht, und zwar im »Aufwindschlot«. Aufwinde schleudern darin kleine Regentropfen nach oben. Und da es in den oberen

> **METEOROLOGIE**
>
> Durch die Erfindung von Messgeräten, Ballons, Flugzeugen und Radiosonden konnte man in den letzten beiden Jahrhunderten die Zusammenhänge von Luftdruck, Wind, Temperatur und Niederschlag in der Erdatmosphäre systematisch erforschen. Diese Wissenschaft nennt sich Meteorologie.

Regionen der Atmosphäre kalt ist, gefrieren die Regentropfen zu kleinen Eiskugeln. Wenn sie in einer bestimmten Höhe angekommen sind, lassen die Winde nach und die Eiskugeln sinken nach unten und fangen an zu schmelzen. Aber meist nicht vollständig. Danach geraten sie erneut in den Sog der Aufwinde, und beim Aufsteigen gefrieren wieder Wassertropfen an den Hagelkörnern. So wachsen sie weiter. Unter bestimmten Umständen wiederholt sich das Aufsteigen und Fallen, bis die Hagelkörner die Größe von Tennis- oder sogar Fußbällen erreichen können. Wenn sie schließlich zu schwer sind und aus den Wolken fallen, sind sie so groß, dass sie auf dem Weg zur Erde nicht mehr vollständig zu Regentropfen schmelzen können. Dann hagelt es. Kräftige Hagelkörner richten auch heute noch gewaltige Schäden auf Feldern, an Autos und Häusern an, aber niemand sieht mehr in dem Naturschauspiel das Werk von Hexen.

Warum stürzt die Hütte ein, während wir davor sitzen?

Einige Wissenschaftler haben es sich zur Aufgabe gemacht, den Hexenglauben unvoreingenommen und ohne Vorurteile zu untersuchen. Sie nennen sich Ethnologen. So einer war Edward E. Evans-Pritchard – der Sohn eines Pfarrers aus England. Dieser Forscher hat ein Buch geschrieben, das sehr berühmt geworden ist, es heißt »Hexerei, Orakel und Magie bei den Zande«. Zu Beginn des letzten Jahrhunderts verbrachte er viele Jahre bei den Zande. Die Menschen, die sich zu diesem Volk zählen, leben hauptsächlich im Sudan, das liegt in der nördlichen Mitte von Afrika. In ihrem Leben und in ihrem Verständnis von Leben spielt der Glaube an Hexerei und Magie eine große Rolle. Der Feldforscher Evans-Pritchard fand heraus, dass die Zande die Hexerei für völlig normal halten. Auf Schritt und Tritt begegnen sie ihr, ohne unbedingt ein großes Aufheben davon zu machen.

In vielen Fällen sprechen die Zande von Hexerei, wenn wir einfach davon reden, dass man wohl Pech gehabt hat. Im Alltag passieren diese kleinen Missgeschicke ständig, und der Zande sagt dann, das sei »Mangu« – Hexerei. Ihm kommt es aber nicht in den Sinn, sogleich zum Hexendoktor zu laufen, um die Hexe ausfindig zu machen. Das Unglück gehört zum Leben genauso wie das Glück, und so fasst der Zande die Sache auch auf. Nur wenn es sich um ernste Angelegenheiten handelt, um Tod oder Krankheit oder riskante Aktionen (früher wurde viel Land erobert), unternimmt er etwas, um sich vor der Hexerei zu schützen.

Im Sommer sitzen die Zande gern unter ihren Getreidespeichern, das sind Hütten, die auf Stelzen stehen. Im Schatten lässt sich die Hitze besser

ETHNOLOGIE

Für diese Wissenschaft gibt es auch ein deutsches Wort: Völkerkunde. Völkerkundler oder Ethnologen haben früher hauptsächlich fremde Kulturen erforscht, die keine Schrift kannten. Das taten sie, indem sie Monate, sogar Jahre in diesen lebten, um sie besser verstehen zu können. Die Feldforscher lernten die fremde Sprache, nahmen an den Zeremonien teil, dokumentierten all das, was sie sahen und hörten. Heute beschäftigten sich Ethnologen auch mit Phänomenen wie Online-Gemeinschaften, Hip-Hop-Kultur und Einwanderung.

ertragen. Sie unterhalten sich, arbeiten, um sie herum spielen die Kinder. Die Holzpfosten werden manchmal von Termiten angenagt, sodass ab und zu ein Getreidespeicher einstürzt. Eine solche Widrigkeit sehen die Zande nicht als etwas Besonderes an, und sie wissen auch, dass dies durch die Insekten verursacht wurde. Wenn nun aber eine solche Hütte gerade in dem Augenblick zusammenbricht, wenn sich Leute darunter befinden, fragen sich die Zande schon, warum es genau in diesem Moment geschehen musste. Die Hütte hätte doch das ganze Jahr über zusammenkrachen können!

Wir würden sagen, dass es reiner Zufall war, als die Hütte zu diesem Zeitpunkt und zu keinem anderen auseinanderfiel. Und die Leute saßen darunter, weil es so heiß war und sie den Schatten suchten. Eine Erklärung dafür, warum diese beiden Ereignisse zusammentrafen, haben wir nicht. Mit der eines unglücklichen Zufalls gibt sich ein Zande in diesem Fall jedoch nicht zufrieden. Für ihn kommt da Hexerei ins Spiel.

Ganz ähnlich argumentierte ein Zandejunge, der sich den Zeh an einer Wurzel gestoßen und dabei verletzt hatte. Einige Tage später entzündete sich die Wunde. Für uns wäre das ein blödes Missgeschick mit unangenehmen Folgen. Nicht so für den Zandejungen. Die Aneinanderreihung von negativen Ereignissen war ihm merkwürdig erschienen. Immerhin war er schon hundertmal an diesem Baumstumpf vorbeigekommen, ohne sich daran ge-

---

HEXEREI

Der Feldforscher Edward E. Evans-Pritchard hat einen klugen Satz geschrieben: »Hexerei erklärt, *warum* Ereignisse für Menschen schädlich sind, und nicht, *wie* sie geschehen.«

stoßen zu haben, und er hatte auch schon etliche Schnittwunden gehabt, die problemlos verheilten. Dieses jetzige Ärgernis konnte nur etwas mit Hexerei zu tun haben.

Magische Mittel gegen Hexen

Wenn jemand vermutet, er sei verhext worden, versucht er herauszufinden, von wem die Hexerei ausgeht. Nur so ist es möglich, etwas dagegen unternehmen zu können. Überall wo Hexenglauben auftritt, gibt es auch Mittel, sich gegen die bösen

> **FEDERKRANZ**
>
> In Norddeutschland wurde lange Zeit der Federkranz als Beweis für Hexerei gewertet. Hatten sich im Kopfkissen die Gänsefedern zu einem Kranz verklebt, vermutete man, nachts habe sich eine Hexe in Gestalt einer Katze ans Bett geschlichen und den Schlafenden mit glühenden Augen fixiert – als Nebeneffekt habe sich dabei jener Kranz aus Federn gebildet.

Kräfte zu wehren. Die Experten für Weiße Magie tragen, wie ja schon erwähnt, unterschiedliche Namen. In Deutschland und der Schweiz bezeichnete man sie als Hexenbanner, in England als »witch doctor«. In Asien sind sie als Schamanen tätig und in Afrika als Medizinmänner. Sie alle helfen, eine Hexe ausfindig zu machen und magische Gegenmittel zu ergreifen, um die Menschen vor der Hexerei zu schützen. Das Ziel ist, das Treiben der Hexen gänzlich zu unterbinden.

Die Mittel, die man gegen die Hexerei anwendete, ähnelten den Vorgehensweisen bei der Ver-

hexung. Eine wichtige Regel in der Magie ist es nämlich, Gleiches mit Gleichem zu bekämpfen. So wurden Kranke oft mit Säckchen berührt, die mit abwehrkräftigen Kräutern gefüllt waren. Oder man beschwor Formeln, die den kranken Menschen oder das kranke Vieh gesund machen sollten – und nicht krank, wie es eine Hexe getan hätte. In diesen tauchten vielfach christliche Gleichnisse und Symbolik auf, zudem wurden Gott, die Mutter Maria oder einige Heilige angerufen. Eine Menge Weihwasser wurde verteilt, und man sprach lange Gebete, um die guten Mächte und Kräfte herbeizurufen und die bösen Dämonen zu vertreiben.

Von solchen glaubte sich einst der Abt eines Klosters verfolgt. Eine Frau hatte ihn »angeblasen«, und kurz danach lief er am ganzen Körper schwarz an. Da das Waschen mit Weihwasser und auch das Beten keinerlei Besserung brachte, wandte er sich an eine Frau, die in der ganzen Gegend für ihre Heilkunst bekannt und berühmt war. Sie stellte sofort fest, dass es sich hierbei um Hexerei handelte. Daraufhin hängte sie in seinem Zimmer verschiedene Gegenstände und Säckchen mit heilkräftigen und magischen Substanzen auf, um die bösen Kräfte zu bannen. Leider ist in diesem Fall nicht überliefert, wie sich das weitere Befinden des Abts entwickelte.

Wenn ein Zande etwa glaubt, verhext zu sein, sucht er einen Medizinmann auf und bittet ihn um Rat. Wenn der Medizinmann den Kreis der Verdächtigen eingegrenzt hat, wird ein Orakel befragt, um festzustellen, von wem genau die Hexerei ausgeht. Das beste Orakel ist nach Meinung der Zande das Giftorakel, es kostet aber auch am meisten, denn es ist sehr aufwendig und bedarf verschiede-

> **ORAKEL**
>
> Ein Orakel ist eine Weissagung in Form eines Zeichens, zum Beispiel ein Blitz oder Donner. Wichtig ist dabei, dass es von einem Gott übermittelt ist. Meist gibt es Aufschluss über ein Ereignis, das in der Zukunft liegt, vielfach auch an einem weit entfernten Ort. Um von einem Orakel etwas zu erfahren, muss man es befragen. Im antiken Griechenland gab es das Orakel von Delphi, eine Stätte, zu der die Menschen gingen und auf ein Zeichen warteten. Die Römer lasen in den Eingeweiden von Tieren.

ner Vorbereitungen. Der Mann, der die Zeremonie durchführen soll, muss strenge Vorschriften einhalten. Er darf gewisse Fleischsorten nicht essen, er darf nicht mit seiner Frau schlafen und auch keinen Hanf rauchen. Wenn er diese Regeln mehrere Tage lang befolgt hat, gilt er als »rein« und es ist ihm erlaubt, das Giftorakel zu befragen.

Für eine solche spiritistische Sitzung treffen sich mehrere Zandemänner an einer abgelegenen Stelle im Wald. Sie bringen junge Hühner in Körben mit sowie das Orakelgift. Bevor sie mit der Zeremonie beginnen, besprechen sie, welche Fragen gestellt werden sollen und in welcher Reihenfolge. Wenn sich alle einig sind, geht es los. Der Mann, der »rein« ist, tritt nun an einem ausgesuchten Platz das Gras nieder und gräbt ein Loch in den Boden. In dieses legt er ein Blatt, danach schüttet er darauf das Gift. Dazu stellt er einen Behälter mit Wasser und einige Blätter, die sich zu einem Trichter zusammenrollen lassen. Ist das geschehen, setzen sich derjenige, der das Orakel bedient, und der Fragesteller einander gegenüber. Wenn der Fragesteller bereit ist, gibt er dem »Reinen« ein Zeichen. Jetzt mischt dieser das Giftpulver mit etwas Wasser zu einem Brei, nimmt sich ein Huhn aus einem der Körbe und flößt dem Tier das Gift ein. Dabei stellt er in verschiedensten Varianten immer wieder die gleiche Frage, endet aber stets mit der Formulierung: »Ist das der Fall, Giftorakel, töte das Huhn.« Oder: »Ist das der Fall, Giftorakel, schone das Huhn.«

Der Fragesteller redet weiter und weiter auf das Giftorakel ein, das sich im Huhn befindet. Manchmal gibt er dem Mann, der das Huhn hält, eine Anweisung. Beispielsweise soll dieser es schütteln, um das Gift wirken zu lassen. Schließlich wird das Tier auf den Boden gelegt, und alle beobachten gespannt seine Bewegungen. Hühner reagieren auf das Gift äußerst unterschiedlich: Manche sterben sofort, andere erst, nachdem sie geschüttelt und wieder auf die Erde gesetzt worden sind. Auf einige hat das Gift sogar überhaupt keine Wirkung. Sobald sie wieder auf der Erde sitzen, fangen sie an, zu picken und herumzulaufen, und setzen ihr übliches Hühnerleben fort. Wenn das Giftorakel aber das Huhn tötet und man dabei eine bestimmte Person als Hexer identifiziert, wird dem Federvieh ein Flügel abgeschnitten. Dieser dient als Beweismittel. Ein Stellvertreter des Orakelbefragers wird mit dem Flügel zu dem Hexer oder der Hexe geschickt und legt ihm oder ihr den Flügel zu Füßen. Das bedeutet: »Wir haben durch das Orakel festgestellt, dass von dir Hexerei ausgeht. Wir bitten dich, deine Hexerei zurückzunehmen.«

Der Umgangston ist zunächst freundlich und zuvorkommend. Man erwartet von dem Hexer oder der Hexe ebenfalls ein höfliches Verhalten. So soll diese Person über den Flügel blasen – als Zeichen dafür, dass sie gewillt ist, keinen weiteren Schaden anzurichten. Ein Zande, der der Hexerei beschuldigt wird, denkt natürlich, dass ein Irrtum vorliegt. Trotzdem wird er sich kooperativ verhalten, denn er will Ärger vermeiden. Wenn das Unglück schließlich aufhört, gehen alle wieder zur Tagesordnung über. Reagiert der Beschuldigte aber unwirsch und beleidigt, wird man ihm androhen, Maßnahmen gegen ihn zu ergreifen, sollte die Hexerei nicht aufhören.

Die Zande glauben zudem, dass die magische Kraft, die jemand in seinem Bauch trägt, durchaus auch ohne das Wissen und den Willen des Hexers wirken kann. Macht man ihn darauf aufmerksam und »kühlt« er daraufhin seine Hexerei ab – passiert also nichts Magisches mehr –, ist die Sache bereinigt. Man kann mit Hexerei also auch sehr kultiviert umgehen, wie die Zande zeigen.

Warum leben Hexen allein?

Am liebsten leben wir mit netten, freundlichen Menschen und niedlichen Haustieren zusammen. Die Hexe ist aber weder nett und freundlich noch niedlich. Sie hat zwar eine menschliche Gestalt angenommen, aber nur, um die Menschen zu täuschen. Die Hexe ist eine Dämonin, eine Unholdin und Geisterbraut. Und wer will schon mit so einem Wesen unter einem Dach wohnen? Die Schlösser in Schottland, in denen es spukt, sind aus einem vergleichbaren Grund auch nur schwer verkäuflich. Fast alles, was die Hexe treibt, ist entweder verboten, zumindest zweifelhaft oder schlicht abstoßend. Sie hält sich einfach nicht an die Regeln eines harmonischen Miteinanders, sondern macht ihr eigenes Ding. Magische Formeln und Rezepte helfen ihr dabei. Kein Wunder, dass Hexen deshalb aus der Gemeinschaft ausgeschlossen werden und allein im Wald leben müssen.

Der Begriff »Hexe« geht zurück auf das althochdeutsche Wort »hagazussa« oder auch »hagzisse«. Der erste Teil dieser Wortzusammensetzung, »hag«, bedeutet so viel wie »Zaun« oder »Hecke«. Und »zussa« oder »zisse« kann man mit »sich befinden« oder »sitzen« übersetzen. Eine Hagazussa ist also eine Person, die auf einem Zaun oder einer Hecke sitzt, mithin eine Zaunsitzerin. Unter Sprachforschern gibt es verschiedene Vermutungen über den realen Hintergrund dieser Begriffe. Wahrscheinlich war es so, dass in früheren Zeiten das Dorf und die dazugehörigen Felder durch einen Zaun oder eine Hecke eingefasst waren. Diese Begrenzung trennte die Lebenswelt der Menschen von der unheimlich und bedrohlich wirkenden Wildnis. Die Hagazussa bewegte sich auf dieser Linie, wechselte zwischen den beiden Welten hin und her. Mal hielt sie sich unter den Menschen im Dorf auf, dann wieder verschwand sie, und niemand wusste genau, wohin. Klar war nur, dass es dort anders, dunkler und magischer war.

In vorchristlichen Zeiten gab es besondere Kultstätten, an denen Rituale und Zeremonien abgehalten wurden und man mit Geistern oder Göttern in Kontakt treten konnte. Sie befanden sich meist außerhalb der Dörfer an einem abgelegenen Ort im Wald oder auf einem Berg. Diese ringförmigen Plätze waren mit einem Zaun, Pfählen oder Steinen eingefasst. Die Hagazussa schien die Fähigkeit zu haben, auch diese Begrenzung zu überschreiten, da sie in der Lage war, heidnische Götter und Dämonen anzurufen. Ihr Wechseln zwischen den Welten machte die Hexe also unheimlich, zumal man nie genau wusste, mit wem man es genau zu tun hatte.

HEXENBILDER

Die Art und Weise, wie Menschen sich eine Hexe vorstellten, hing davon ab, was sie als Problem stark beschäftigte. Für die Kirche, die sich um den rechten Glauben und die Moral Sorgen machte, war eine Hexe ein Wesen, das Unzucht mit dem Teufel trieb und den falschen Göttern huldigte. Das interessierte die Bauern, die sich um ihre Ernte und ihr Vieh sorgten, viel weniger. Sie beobachteten eher misstrauisch die Nachbarin, ob die ihnen vielleicht die Milch wegzauberte.

Die Hexe gehörte nicht wirklich zur Gemeinschaft der Menschen, und sie befolgte auch nicht deren Regeln und Werte. Sie tanzte aus der Reihe, war das Andere, das Unnormale, und sie verkörperte in fast jeder Hinsicht genau das Gegenteil dessen, was als schön, gut, erwünscht, lobenswert und tugendhaft galt. Deshalb wurden ihr alle möglichen Eigenschaften zugeschrieben, die von denen abwichen, die die Allgemeinheit für erstrebenswert hielt.

Doch die Vorstellungen davon, was äußerlich typisch für eine Hexe sei, haben sich im Laufe der

Jahrhunderte immer wieder verändert. Der spitze Hut, der Besen, auf dem sie reitet, der geflickte Umhang, die Warzen im Gesicht, die schwarze Katze und die Zaubersprüche – all diese Kennzeichen sind nicht auf einmal entstanden, sondern wurden von Generation zu Generation weitergetragen und oft mit neuen Elementen ausgeschmückt. Überliefert wurden sie in Volksmärchen, die man sich erzählte, aber auch in den Sonntagspredigten der Pfarrer, wenn sie über das Böse in der Welt sprachen. Später kamen Bücher hinzu. Bei all diesen Ausschmückungen ist es beinahe in Vergessenheit geraten, dass unsere Bilder von den Hexen ihren Ursprung bei den antiken Dämonen haben.

Dämonen – und was sie so treiben

Die alten Griechen hatten eine recht stattliche Anzahl von Göttern. Es gab zwölf Hauptgötter – Zeus, Hera, Poseidon, Athena, Apollon, Artemis, Dionysos, Demeter, Ares, Aphrodite, Hermes und Hephaistos –, die auf dem Berg Olymp im Norden Griechenlands wohnten und denen bestimmte Aufgaben zugeordnet waren. Zeus, der Göttervater, wurde als Gott des Wetters verehrt, Poseidon war der Gott des Meeres und Aphrodite die Göttin der Liebe und der Schönheit. Daneben wimmelte es von Halbgöttern und Kindern von Göttern, die als Titanen, Giganten oder sonstige merkwürdige Mischwesen auftraten. Zu ihnen gehörten die Kentauren, die im vorderen Teil Mensch und hinten Pferd waren.

Die Abenteuer und Familienzwistigkeiten dieser rachsüchtigen, weisen oder liebestollen Götter und aller anderen mehr oder weniger göttlichen Wesen sind uns vor allem durch zwei sehr berühmte Autoren überliefert: Hesiod und Homer. In ihren Büchern sprechen sie mal von Göttern und mal von Dämonen, ohne darin einen Unterschied zu sehen. Auf Griechisch hieß »Gott« also entweder »theós« oder »daímon« – der göttliche Dämon und der dämonische Gott waren dadurch gleichgestellt. Mit der Zeit allerdings wandelte sich das Bild der Dämonen. So behauptete der griechische Gelehrte Thales von Milet um 500 v. Chr., dass Dämonen Wesen seien, die zwischen den Göttern und den Menschen stehen. Die Seele der Dämonen sei der menschlichen Seele verwandt, aber doch auch anders.

Die Pythagoreer, eine Gruppe von antiken Philosophen, gingen in Sachen Dämonen sogar noch einen Schritt weiter. Sie führten eine Dreiteilung ein. Ihrer Lehre zufolge gab es unsterbliche, echte Dämonen, die dem höchsten Gott sehr nahe standen. Zur zweiten Kategorie gehörten die Heroen, wie sie die Seelen von verstorbenen tugendhaften Menschen nannten, die ein Leben im Paradies – damals hieß das Elysium – erwartete. Und schließlich gingen sie von sterblichen Dämonen aus. Das waren die Seelen der lasterhaften Menschen, die nach ihrem Tod in einen anderen Körper verbannt wurden und damit eine zweite Chance erhielten, ein besseres Leben zu führen und doch noch in den Himmel zu kommen. Ähnlich wie Thales sprachen auch die Pythagoreer den Dämonen den Götterstatus ab. Sie waren sozusagen die von den Göttern gesandten Postboten, die den Menschen Botschaften überbrachten und ihnen sagten, wie die Zukunft aussehen würde. Doch aufgrund der

> **DIE ANTIKE**
>
> **Als Antike bezeichnet man die Hochkultur, die sich in der Zeit zwischen 1000 v. Chr. und dem 6. Jahrhundert n. Chr. im Mittelmeerraum, vor allem in Griechenland und auf der italienischen Halbinsel entwickelte. Die geistigen Traditionen der antiken griechisch-römischen Welt prägen die westliche Kultur bis heute. In Literatur, Kunst und Philosophie, in den Rechtswissenschaften wie in der Politik lassen sich Spuren zur Antike zurückverfolgen.**

> **TITANEN**
>
> sind in der griechischen Mythologie die Kinder des Uranos (Himmel) und der Gaia (Erde). Trotz und unbändiges Wesen zeichnen sie aus. Sie waren ihrem Vater verhasst und wurden deshalb im Erdinneren festgehalten. Daraufhin entmannte der Titan Kronos seinen Vater. Im späteren Kampf zwischen den Titanen und den olympischen Göttern unter Zeus' Führung unterlagen die Titanen. Sie wurden für immer in der Unterwelt eingeschlossen

Dreiteilung konnte es gute, wohlmeinende, aber auch bösartige Dämonen geben. Und da sie als geistige Wesen in Erscheinung traten, besaßen sie die Fähigkeit, eine bestimmte Gestalt anzunehmen. Bis zur Existenz von Gespenstern und Geistern war es dann nicht mehr weit.

Zu dieser Zeit, als die Menschen an alle möglichen Götter, Geister und Dämonen glaubten, entstand eine neue Bewegung, die mehr und mehr Anhänger fand: das Christentum. Die Christen verleugneten nicht einfach die Existenz all der antiken Götter, Titanen, Heroen und Dämonen, sie machten vielmehr etwas sehr Folgenreiches mit ihnen: Sie verwandelten sie in »das Böse« schlechthin. Insbesondere die Dämonen betrachtete man von nun an als Wesen, die mit magischen Kräften wie auch mit menschlichen Eigenschaften ausgestattet waren. Das machte sie besonders gefährlich und zu sündigen Wesen. Die vorchristlichen Götter und Dämonen wurden dadurch zu Gegenspielern des einen, wahren, guten und mächtigen Gottes erklärt. Damit nahm der christliche Teufels- und Hexenglauben seinen Anfang: Viele Verhaltensweisen und Erscheinungsformen der griechischen Dämonen tauchten bei den Hexen und beim Teufel wieder auf.

Wer waren Dionysos, Hekate und Kerberos?

Und wer ist Fluffy? Fluffy klingt nach einem niedlichen Hund. Das mit dem Hund stimmt schon, das mit dem Niedlichsein weniger. Fluffy gehört Hagrid, dem Wildhüter von Hogwarts. Im ersten Band der Harry-Potter-Romane bewacht Fluffy den

Stein der Weisen. Es ist praktisch unmöglich, an ihm vorbeizukommen, denn er ist ein schreckliches, dreiköpfiges Monster, das jeden frisst, der in seine Nähe gerät. Fluffy hat nur eine Schwäche: Sobald er Musik hört, schläft er ein. Durch diesen Trick gelingt es Harry Potter und seinen Freunden, den Wachhund zu überwinden. Dieser Fluffy hat eine überraschende Ähnlichkeit mit einem anderen Hund, der sehr viel älter ist und Kerberos heißt. Womit wir wieder bei den alten Griechen und ihren Gottheiten sind.

Die Griechen glaubten an einen Gott namens Hades. Bei der Teilung der Welt erhielt Hades das Reich der Toten, das auch nach ihm benannt wurde. Dorthin kamen die verstorbenen Seelen. Die Reise in dieses Totenreich – in den Hades, wie man sagte – war gruselig: Giftige Eiben säumten den Weg, und in den Wohnungen der Toten selbst herrschte dumpfes Schweigen. Immer war Winter, und aus der fahlen Dämmerung stiegen schattenhafte Nebel auf. Um über die Toten und das Totenreich zu wachen, hatte der Gott Hades Hekate angestellt – eine Titanin. Hekate war mit drei Köpfen ausgestattet, und ihr zur Seite stand ein ebenfalls dreiköpfiger Höllenhund, der den Eingang bewachte. Das war Kerberos. Jeden Verstorbenen, der

---

HEKATE

Auf dem Fries des Pergamonaltars in dem Berliner Pergamonmuseum ist Hekate leicht an ihren drei Köpfen zu erkennen. Die Göttin wurde als Sinnbild für Übergänge (Geburt, Wegkreuzungen, insbesondere von drei Wegen) und Verwandlungen (Zauberkunst und Magie) verehrt. Später auch als Göttin der Hexen.

das Totenreich betreten wollte, wedelte er freundlich an und ließ ihn hinein. Wer aber hinauswollte, wurde von ihm gefressen. Es gab nur wenige Personen, die den Hades als Lebende betraten. Einer von ihnen war Odysseus. Er suchte dort nach dem Seher Teiresias. Odysseus sah in dem Totenreich viele gefallene Freunde, die alle ihr Schicksal beklagten. Nachdem er von Teiresias die gewünschten Informationen erhalten hatte, war Odysseus verdammt froh, die unheimliche Stätte wieder verlassen zu können.

Der Legende nach wuchs am Eingang zum Totenreich, dort, wo der Sabber des Kerberos auf den Boden fiel, eine Blume, die sich Eisenhut nennt. Diese Pflanze wiederum spielte bei der Giftmischerei und im Hexenwesen eine wichtige Rolle. Hekate ihrerseits wurde von den Hexen verehrt. Nachts, wenn sich die Hexen auf dem Friedhof und an den Kreuzwegen trafen, riefen sie Hekate an, sie möge sich zu ihnen gesellen. Wenn sie dann tatsächlich angerauscht kam, mit einem heulenden Hund und anderen finsteren Gestalten im Schlepptau, musste man wissen, wie man sie beschwöre, um nicht selbst ins Unglück gestürzt zu werden. Bei zunehmendem Mond hatte man beispielsweise folgende Worte zu sprechen: »Komm, unterirdische, irdische und himmlische Bombo, Göttin der Land- und Kreuzwege, die das Licht bringt, die in der Nacht umherschweift, Feindin des Lichtes, Freundin und Begleiterin der Nacht, die du dich des Bellens der Hunde und des vergossenen Blutes erfreust, die du im Schatten zwischen den Gräbern umherflackerst, die du Blut wünschest und den Toten Schrecken bringst, Gorgo, Mormo, Mond in tausend Gestalten, leihe unserem Opfer ein günstiges Ohr.«

WARUM LEBEN HEXEN ALLEIN? 53

Eine andere Gestalt, die als Vorbild für den späteren Hexen- und Teufelsglauben diente und die viele Dichter, Opernschreiber und Schriftsteller inspirierte, ist Dionysos. Dionysos war ein griechischer Gott, der vom Göttervater Zeus abstammte. Er galt als der Gott des Weins und der Fruchtbarkeit. Bei Dionysos ging es immer besonders lustig zu, seine rauschhaften Partys waren berühmt und berüchtigt. Mit Jubel, Jauchzen und Gejohle zogen vor allem Frauen mit ihm durch die Gegend. Diese Schar weiblicher Fans nannte man Mänaden oder Bacchantinnen, denn im antiken Rom hieß der Gott des Weines und der Fruchtbarkeit Bacchus. Die nächtlichen Bacchusfeste, die einige Leute damals feierten, wurden irgendwann so wild, dass der römische Senat 186 v. Chr. ein Gesetz gegen das Treiben der Bacchusverehrer erließ. 7000 Menschen erhielten nach dieser Vorschrift eine Strafe.

Im Gefolge von Dionysos (Bacchus) sollen sich nach der antiken Mythologie auch Waldgeister befunden haben, auch Satyrn genannt. Ein Satyr ist ein Mischwesen, halb Mensch, halb Tier. Er hat einen Pferdeschweif und Bocksbeine und Hörner auf dem Kopf. Bei den Festen stellte er vor allem den Bacchantinnen nach und erheiterte Dionysos mit seinen derben Späßen.

Der Hexensabbat, so wie ihn sich christliche Denker über tausend Jahre später vorstellten, weist viele Elemente dieser Bacchusfeste auf. Und in den griechisch-römischen Satyrn kann man schon den späteren Teufel erahnen, der auf dem Hexensabbat gern in Gestalt eines Ziegenbocks erscheint.

Es gibt also unendlich viele Vernetzungen zwischen den ganz alten, den mittelalterlichen und

54 WARUM LEBEN HEXEN ALLEIN?

den modernen Geschichten über Dämonen und Hexen. Das hat damit zu tun, dass zu allen Zeiten Erzähler, Gelehrte und Schriftsteller viel gelesen, voneinander abgeschrieben und Geschichten um- und weitergedichtet haben. Nun aber gilt es zu klären, warum die Hexe vor allem nachts aktiv wird, woher sie ihren Hut hat, warum sie so verlottert aussieht, Kröten in ihre Küche lässt und meistens allein im Wald wohnt.

Die Hexe, der Mond und die Nacht

In der griechischen Mythologie wurden allen möglichen Naturphänomenen Dämonen zugeordnet. Wenn der Wind in den Blättern rauschte, das Meer Wellen schlug oder die Zikaden zirpten, dann nahmen die Menschen damals an, dass all dies von verschiedenen Dämonen verursacht wurde. Manche glaubten auch daran, dass die Naturdämonen selbst in den Bäumen, im Meer oder in den Tieren zu Hause waren. Und die Sterne am Himmel wurden ebenfalls mit göttlichen Wesen in Verbindung gebracht. Die Menschen stellten sich die Welt als einen großen Zusammenhang vor, in dem alles miteinander verbunden war. So wurden den Monaten des Jahres die olympischen Götter zugeordnet, ebenso die zwölf Tierkreiszeichen. Diese Einteilung war eine vorwissenschaftliche Systematisierung der Himmelsbeobachtung.

> **MAGISCHE ASTROLOGIE**
>
> Früher war die Astrologie, die Sternenkunde, als Wissenschaft anerkannt. Sie beschäftigte sich damit, den Zusammenhang zwischen den Sternen und den Erscheinungen der Natur zu erklären. Sie fragte aber auch danach, wie man sich der himmlischen Kräfte bedienen könne. Sie war also somit eine magische Astrologie.

Die Sterne beschäftigten die antiken Wissenschaftler intensiv. Sie wollten die Gesetzmäßigkeiten ihrer Positionen ergründen und aus diesem Verhältnis zueinander den Einfluss der Sterne auf den Menschen und auf Ereignisse vorhersagen. Bevor Astrologie, was wörtlich so viel heißt wie Sternenkunde, und Magie als Aberglaube gebrandmarkt wurden, gehörten sie zu den ernsthaften Wissenschaften, genauso wie die Medizin oder die Mathematik.

Einer der antiken Wissenschaftler hieß Plotin. Er gründete 244 n. Chr. in Rom eine Philosophenschule. Er machte sich ausführliche Gedanken darüber, wie man die Dämonen und die Götter voneinander unterscheiden könnte. Plotin tat das, indem er ihnen unterschiedliche Plätze am Him-

mel zuordnete. Die Götter siedelten, folgt man Plotin, in dem Raum um die Sonne. Zu seinen Zeiten stellte man sich vor, der Himmel würde aus mehreren Schalen bestehen. Diese nannte man Sphären, und diese Sphären legten sich Schicht um Schicht um die Erde – den Mittelpunkt der Welt, wie man damals dachte. In ihnen bewegten sich dann die Himmelskörper. Die Götter wiederum trieben ihr Unwesen nach dieser Vorstellung in der »Sphäre über dem Mond«. Die Dämonen dagegen hatten ihren Wohnsitz in der »Sphäre unter dem Mond«. Das war ein Gebiet, das der Erde und damit den Menschen näher lag. Logischerweise brachte man also auch die Hexe, die ja eine Dämonin ist, mit dem Mond in Verbindung. Bis heute wird bevorzugt bei Vollmond gezaubert, und in vielen Zauberbüchern wird angegeben, in welcher Mondphase das jeweilige Zauberritual abzuhalten sei. Das Zu- und Abnehmen des Mondes steht dabei oft in Beziehung zu dem, was mit der Zauberei erreicht werden soll. Warzen und Krankheiten bespricht man besser bei abnehmendem Mond, weil es darum geht, sie verschwinden zu lassen. Es sei denn, man ist eine Hexe und will jemandem eine Warze oder Ähnliches überhaupt erst anhexen.

Die Vorstellung, dass die dämonische Frau, die zaubern kann, mit dem Mond in Verbindung steht, wurde über viele Jahrhunderte immer weiter ausgeschmückt und mit neuen Mythen und Anekdoten ergänzt. In diesem Zusammenhang spielte auch die Regelblutung der Frau eine Rolle. Da ihr Monatszyklus und der Zyklus des Mondes die gleiche Länge haben, hatte man geradezu einen Beweis in der Hand, dass eine Beziehung zwischen Mond, böser Zauberei und den Frauen existierte.

Das Menstruationsblut galt daher in früheren Zeiten als besonders zaubermächtig. So glaubte man zum Beispiel, dass die Frauen mit ihrem Blut den Mond vergiften konnten. Das funktionierte so: Wer zu lange in den verzauberten Mond schaute, stürzte ins Verderben, und Kinder, die einen solchen Mond betrachteten, fingen an zu schielen. Manchmal benutzten die Frauen für solche Zaubereien auch einen Spiegel. Wenn eine Frau mit ihrem Regelblut einen Spiegel verzauberte, konnten von diesem magische Kräfte ausgehen. Denkbar ist, dass der Spiegelzauber im Märchen von Schneewittchen eine solche Legende als Hintergrund hat. Die böse Königin hat nämlich große Ähnlichkeit mit einer Hexe.

Bis heute haben der Mond und die Nacht ihren unheimlichen Charakter nicht verloren. So ist es nicht verwunderlich, dass die meisten Grusel-, Geister- und Horrorgeschichten in der Nacht – vorzugsweise bei Vollmond – spielen.

Zurück zu dem, was Christen aus den antiken Göttern gemacht haben: Eine der griechischen Göttinnen hieß Diana. Diana war geradezu berufen, Anführerin der zaubernden Hexen und nachtfahrenden Weiber zu werden, denn sie war die Göttin des Mondes und der Jagd. Verheiratet war sie nicht und Kinder hatte sie auch keine, und so zog sie durch die Nacht und durch die Wälder. In ihrem Gefolge befanden sich natürlich gleichgesinnte Frauen – die Hexen. Es war klar, dass Diana den christlichen Gelehrten ein Dorn im Auge sein würde. Zu viel Unabhängigkeit und nächtliches Herumtreiben war nicht das, was sie sich unter einem geeigneten Lebensstil für Frauen vorstellten. Den Frauen, die Diana verehrten und glaubten, mit ihr

> **ZAUBERSPIEGEL**
>
> Spiegel können verzaubert sein. Auch Harry Potter muss sich einem solchen Zauberspiegel stellen. Er sieht darin seine Eltern, weil der Spiegel den größten Wunsch desjenigen reflektiert, der hineinschaut. Harry Potter ist ganz beseelt davon. Aber er wird auch davor gewarnt, sich in dieser Wunschwelt zu verlieren, weil sie eine große Gefahr birgt.

auf wilden Tieren durch die Nacht zu reiten, wurde gesagt, das alles wären Trugbilder und Hirngespinste, die ihnen von eben dieser dämonischen Diana und dem Teufel vorgespiegelt würden. Die Mondgöttin Diana war also eine weitere Verbindung zwischen den Hexen und dem Mond, die bei den Christen in Ungnade geriet und »dämonisiert« wurde.

Warum trägt die Hexe einen spitzen Hut?

Und warum sind auf ihm der Mond und die Sterne abgebildet? In dem Märchen »Hänsel und Gretel« hat die Hexe ein Kopftuch umgebunden, so wie es bei den Frauen auf dem Land früher üblich war.

Heutzutage aber tragen Hexen fast immer einen spitzen Hut. Das haben sie mit den Zauberern gemeinsam. Wer sich beim Karneval oder Fasching also als Hexe verkleidet, kommt bestimmt mit einem spitzen Hut auf dem Kopf.

Um das Rätsel des Hexenhuts zu lösen, müssen wir fragen, wer in früheren Zeiten überhaupt spitze Hüte trug. Zwei Personenkreise kommen da infrage: die Juden und die Ketzer. Sie taten das nicht freiwillig, sondern wurden dazu gezwungen. Im Mittelalter genossen die Juden zwar zeitweise den Schutz von Grafen und Königen, aber größtenteils wurden sie von der Teilhabe an der Gesellschaft ausgeschlossen. Durch verschiedene Extragesetze und Verbote gab man ihnen deutlich zu verstehen, Menschen zweiter Klasse zu sein. Sie durften bestimmte Berufe nicht ausüben und nicht überall wohnen, und es war Christen untersagt, als Dienstboten bei Juden zu arbeiten.

Besonders schlimm erging es den Juden in Süddeutschland in den Jahren 1348/1349. Damals brach in weiten Teilen dieser Region eine Pestepidemie aus, und man klagte sie an, die Brunnen vergiftet zu haben. Viele Juden mussten auf dem Scheiterhaufen sterben oder am Galgen. Die wenigen, die die Verfolgung überlebten, flohen in Gegenden, in denen sie Schutz genossen, für den sie allerdings häufig viel Geld bezahlen mussten. Auch wenn sie für einige Zeit in Sicherheit waren, behielten sie doch eine Sonderrolle. So wurden sie gegenüber der christlichen Bevölkerung weiterhin benachteiligt und von dieser isoliert. Im Jahr 1422 erließ man etwa in Brandenburg, Bamberg und Würzburg eine Verordnung, die männliche Juden zwang, eine besondere Tracht anzuziehen. Dazu ge-

hörte auch die Vorschrift, einen spitzen Hut aufzusetzen und einen gelben Fleck auf der Kleidung anzubringen. Die jüdischen Frauen mussten einen blauen Schleier tragen.

Die andere Geschichte, in deren Zusammenhang der spitze Hut auftaucht, ist nicht viel erfreulicher. Die mittelalterliche Kirche wehrte sich nach Kräften gegen Ketzer, denn diese verbreiteten zwar den Glauben an Gott, meinten aber, dass der Glaube ohne Kirche und christliche Gelehrte besser und reiner sei.

Der Kirche gefielen solche Gedanken natürlich nicht, weil diese ihre selbstverständliche Daseinsberechtigung anzweifelten. Sie verurteilte derartige Lehren als Irrglaube und verfolgte die Ketzer. Wenn es ihr gelang, einen von ihnen zu erwischen, stellte die kirchliche Obrigkeit ihn an den Pranger und setzte ihm als Zeichen seines schändlichen Tuns einen spitzen Hut auf. Wer einen solchen trug, war als Querulant gekennzeichnet.

Es fällt nicht schwer, die Übereinstimmungen zwischen Juden, Ketzern und Hexen zu erkennen: Alle drei Gruppen wurden benachteiligt, vom Leben der Mehrheit ausgeschlossen und für alle möglichen Übel in der Welt verantwortlich gemacht. Und der spitze Hut wurde zu einem Symbol von Menschen, die sich erdreistet haben, der allgemein anerkannten göttlichen Ordnung zu widersprechen.

Wann und warum gerade der spitze Hut zu einem Erkennungsmerkmal der Hexen und Zauberer geworden ist, ist nicht bekannt. Es ist aber davon auszugehen, dass dies erst geschah, als die Menschen nicht mehr wirklich an magische Wesen glaubten und die Zeit der Hexenjagden vorbei war. Der Hut

---

KETZER

sind Abweichler vom rechten Glauben. Wahrscheinlich ging das Wort von den Katharern aus, »den Reinen«, die im Mittelalter vor allem in Südfrankreich eine andere christliche Lehre predigten und lebten als die katholische Kirche. Im Italienischen hießen sie »gazzari«, im Deutschen entwickelte sich daraus vermutlich das Wort »Ketzer«. Später wurde der Begriff allgemein für jeden benutzt, der es wagte, die Kirche zu kritisieren und eine eigene Vorstellung vom christlichen Glauben zu haben.

ist jedenfalls heute ein modisches Accessoire und erinnert nur noch entfernt daran, dass es einmal sehr gefährlich war, als Hexe angesehen zu werden.

Sobald ein Gegenstand oder ein Kleidungsstück wie etwa der Hut seine ursprüngliche Bedeutung verloren hat, er aber weiterhin benutzt wird, ohne dass man sich seiner einstigen Bewandtnis bewusst ist, nennt man das Folklore. Früher erfüllten Trachten ganz bestimmte Funktionen: Sie bestimmten die Zugehörigkeit eines Menschen zu einer sozialen Gruppe und gaben zu erkennen, wer zu welcher geografischen Region gehörte. Aber auch verschiedene Wochentage waren anhand der Kleidung zu bestimmen, da an Festtagen andere Trachten getragen wurden als im Alltag. Heutzutage spielt all dies keine große Rolle mehr. Die Trachten sind kunstvoll gearbeitet, vielfach sehr bunt und kommen deshalb auf Festen und Dorfumzügen gut zur Geltung – eben als Folklore.

Wenn die ursprüngliche Bedeutung eines Kleidungsstücks in Vergessenheit geraten ist, hat man die Möglichkeit, diesen Gegenstand neu zu gestalten. So bekam auch der spitze Hut, den die Hexen und Zauberer jetzt zum Karneval oder Fasching tragen, ein neues Styling verpasst: Er wurde mit Mond und Sternen verziert. Wer diesen Einfall hatte, ist nicht bekannt. Aber es ist eine sehr gute Idee, denn wie wir bereits wissen, standen die Hexen dem Mond nahe.

Es gibt aber noch eine andere Kopfbedeckung neben der der Juden und Ketzer, die mit dem Hexenhut in Verbindung stehen könnte. Im Jahr 1835 wurde auf einem Acker bei Schifferstadt im Rhein-Neckar-Gebiet ein merkwürdiger alter Hut gefunden. Er war aus dünnem Goldblech gefertigt, spitz zulaufend und ziemlich hoch. Archäologen untersuchten ihn und stellten fest, dass er nicht nur über zweitausend Jahre alt war – er stammte aus der Bronzezeit –, sondern dass das Goldblech auch sehr interessante runde Prägemotive aufwies, die Sonne, Mond und Sterne darstellen könnten. Die Wissenschaftler diskutierten lange darüber und kamen letztlich zu dem Schluss, dass es sich bei diesen Mustern auf dem Hut wohl um einen alten Kalender handelt, der zugleich Sonnen- wie auch Mondkalender ist. Getragen wurden derartige Hüte offenbar von Priestern. Inzwischen hat man noch weitere Exemplare dieser Art an anderen Orten gefunden. Vielleicht waren es diese »goldenen Hüte«, die die Leute darauf brachten, den Hexen- und Zauberhut mit Sternen und Mond zu schmücken.

Warum wohnt die Hexe mit einer schwarzen Katze zusammen?

Das bekannteste Hexentier ist die Katze – und natürlich ist sie schwarz, so schwarz wie die Schwarze Magie, die die Hexe in der Finsternis betrieb. Viele Eigenschaften, die der Katze zugeschrieben wurden, teilte sie mit der Hexe: Einzelgängerin, geht in der Nacht auf die Jagd, schleicht auf Dächern und in Häusern herum. Zudem hat sie einen durchdringenden Blick und ist eigenwillig und unergründlich.

Die Katze wurde aber nicht nur für eine Begleiterin der Hexe gehalten, sondern auch für die Hexe selbst. Es gibt dazu eine alte Sage: Im Winter 1839 fand der Melker auf dem Gut Augustenburg mehrere Morgen nacheinander alle Kühe gemolken. Er zeigte es seinem Herrn an, von dem er ein dreischneidiges Schwert mit der Weisung erhielt, dasselbe in die linke Hand zu nehmen und so nachts im Stall aufzupassen. Nachdem er in diesem alle Öffnungen bis auf eine geschlossen hatte, legte er sich, wie ihm befohlen, auf die Lauer. Weder in der ersten noch in der zweiten Nacht sah oder hörte er etwas. In der dritten aber vernahm er deutlich, dass die Kühe gemolken wurden. Sogleich stellte er sich an die unverstopfte Öffnung, und als später eine schwarze Katze hinausschlüpfte, hieb er ihr mit dem Schwert eine Pfote ab. Statt dieser lag am Morgen eine Frauenhand da, welche man, unter Anzeige der Sache, dem Bürgermeister von Grötzingen überlieferte. Derselbe beschied nun sämtliche Frauen des Ortes auf das Rathaus, die auch, außer einer, sich einfanden und für unverletzt befunden wurden. Darauf begab sich das Gericht zu der Nichterschienenen und zwang sie, ihre Arme zu zeigen, worauf sich herausstellte, dass an einem Arm tatsächlich die Hand fehlte. Die Frau war nun der Hexerei überführt, und obgleich sie dafür nicht bestraft wurde, hütete sie sich doch, sie wieder auf der Augustenburg auszuüben.

Der Glaube, dass Hexen sich nachts in Tiere verwandelten, war im Volksglauben weit verbreitet. In Gestalt der Katze hatte die Hexe es vornehmlich auf die Milch und die Kinder abgesehen. Wurde sie bei ihren Raubzügen in einen Kampf verwickelt, trug sie als zurückverwandelte Hexe in Menschengestalt die gleichen Verletzungen davon wie die, die der Katze zugefügt worden waren. Eine Vielzahl von volkstümlichen Sagen folgen diesem Schema. Eine weitere Geschichte heißt »Die zerschlagene Hexe«:

»Am letzten April war einst ein Müllergesell noch spätabends in einer Mühle bei Rathenow beschäftigt, da kommt eine schwarze Katze zur Mühle hinein; er jagt sie mehrmals hinaus, aber sie kam immer wieder, sodass er ihr endlich einen Schlag auf den Vorderfuß versetzte, dass sie schreiend davonlief. Als er darauf die Räder geschmiert und alles in Ordnung gebracht hatte, ging er zu Bett. Andern Morgens, als er in das Haus des Müllers zum Frühstück kommt, bemerkt er, dass dessen Frau mit gequetschtem Arm im Bett liegt, und erfährt, dass sie das seit gestern Abend habe, niemand wisse aber woher. Da hat er denn gemerkt, dass die Müllersfrau eine Hexe war und dass sie am vorigen Abend als Katze zum Blocksberg gewesen sein müsse.«

Der Glaube, dass sich die Hexe in ein Tier verwandeln kann, geht auf die antiken Dämonen zurück, denen die gleiche Fähigkeit zugeschrieben wurde. Obwohl die Hexe bevorzugt als Katze auftrat, konnte sie sich auch in Kröten, Hasen, Schweine oder Pferde verwandeln. Als Maus oder Ratte, so glaubten die Menschen, fraß sie die Früchte auf dem Feld und schädigte die Ernte. Einzige Ausnahmen: Vor Tieren, die als heilig galten, wie etwa die Taube oder das Lamm, machten ihre Umwandlungskünste halt. Da die Katze für die Hexe und die Hexe für die Katze gehalten wurde, verbrannte man sie oft gemeinsam auf dem Scheiterhaufen.

Nur so, glaubte man, würde man die Hexe ein für alle Mal vernichten.

Odin, Munin, Hugin und noch andere Germanen

Wer kennt ihn nicht, den altklugen Raben Abraxas, der die von dem Kinderbuchautor Otfried Preußler erfundene kleine Hexe auslacht, weil es beim Zaubern nicht so richtig klappen will. Statt eines ordentlichen Regens fallen Buttermilch und Tannenzapfen vom Himmel. Abraxas ist ein ziemlich strenger Rabe, der kein Blatt vor den Mund nimmt, wenn er mit dem, was die kleine Hexe treibt, nicht einverstanden ist. Er lobt sie aber auch, wenn sie fleißig ist, das Zauberbuch studiert und Gutes tut. Der Rabe Abraxas ist der Ratgeber und Freund der kleinen Hexe, und oft weiß er mehr als sie selbst.

Als Begleiter der Hexe ist der Rabe nicht ganz so berühmt wie die Katze. Deshalb gibt es auch viel weniger Sagen, in denen ein Rabe vorkommt. In den Geschichten, die uns überliefert sind, taucht der Rabe meist nach dem Tod der Hexe auf. Die Angehörigen hatten in diesen Fällen darum gebeten, dass sie ihnen nach ihrem letzten Atemzug als Taube oder als Rabe erscheinen möge. So hatten sie die Gewissheit, ob sie im Himmel oder in der Hölle gelandet war. Erschien ein Rabe, war dies der letzte Beweis, dass die Verstorbene tatsächlich eine Hexe gewesen war. In vielen Geschichten krächzt er (eigentlich ja sie, die Hexe): »Gott einmal verschworen, derselbe ewig verloren!«

In einer Geschichte, die mündlich überliefert wurde und »Die Hexenmütze und der Kreuzdornstock« heißt, spielt der Rabe eine solche Rolle.

Aber er ist noch ein bisschen mehr: Er ist auch der Beschützer der Hexe und ihrer schwarzen Seele, die nach dem Tod des Körpers das Weite sucht. Hier die Geschichte:

In der Stadt Grimmen gab es früher viele Hexen. Einstmals sollten daselbst zwei Hexen zu gleicher Zeit verbrannt werden. Die eine davon starb bald, die andere aber konnte gar nicht zu Tode kommen, denn das Feuer des Scheiterhaufens stieß immer von ihr ab, anstatt sie zu ergreifen. Da kam ein Mann mit einem Kreuzdornstocke herbei, mit dem stieß er der Hexe, welche Maria Krüger hieß, eine schwarze Mütze vom Kopfe, die man ihr gelassen hatte. Mit einem Male flog ein schwarzer Rabe von ihr, und nun verbrannte sie augenblicklich.

Der Rabe als Hexentier hat einen anderen historischen Hintergrund als die Katze. Als Begleiter der Hexe geht der Krähenvogel wahrscheinlich auf die beiden Raben des Odin zurück. Odin war der Hauptgott der Kelten und Germanen. Die Germanen nannten ihn allerdings Wotan oder Wodan oder Uuodan. Odin war ein überaus mächtiger, wilder und weiser Gott. Mit seinem achtbeinigen Pferd Sleipnir galoppierte er durch die Welt und über die Meere. Dabei wurde er von seinen beiden Raben Munin und Hugin (»Erinnerung« und »Gedanke«) begleitet. Das große Wissen und die Weisheit Odins wird vor allem mit den beiden Raben in Verbindung gebracht, denn sie berichten ihm, was sich in der Welt zuträgt. In den verschiedenen bildlichen Darstellungen von Odin ist er stets mit seinen beiden Raben zu sehen.

Wotan, der germanische Name, weist auf die leichte Erregbarkeit des Gottes hin. »Wat« bedeutet »anblasen« oder »anfachen«, und wenn so ein mächtiger Gott lospustet und schlechte Laune hat, dann kann daraus ein ganz schöner Sturm werden. Kein Wunder, dass man die heftigen Herbststürme mit Wotan in Verbindung brachte. Und ein Orkan wurde ausgelöst, das glaubten die Kelten und Germanen, wenn Wotan/Odin mit seiner Frau Frigga und einer ganzen Heerschar von Verwandten und Halbgöttern über den Himmel zog.

Dieser leidenschaftliche und allwissende Gott stammte aus vorchristlicher Zeit, und natürlich gefiel das der Kirche überhaupt nicht. Er musste bekämpft werden, mit allen Mitteln. In der Zeit um 772 n. Chr. gab es in Sachsen die Vorgabe, Wotan abzuschwören, wenn man den Schutz und den Segen des christlichen Gottes und seiner weltlichen Vertreter auf Erden nicht verlieren wollte.

Ein anderer Vogel, der sich gern zur Hexe gesellte, war die Eule. So wie die Katze ist auch die Eule ein Tier, das erst nachts munter wird und auf die Jagd geht. Für einen Vogel sehr ungewöhnlich. Denn bis auf die Nachtigall, die noch um Mitternacht ihren Gesang anstimmt, verstummen die Vögel in der Dunkelheit. Erst in der Morgendämmerung beginnen sie zu singen.

Die Eule wurde wie die Katze für eine verwandelte Hexe gehalten. In Italien nannte man diese zaubernden Frauen in Gestalt von Eulen Strigen, und noch heute spricht man in Italien von »stregas«, Hexen. Und auch in weiten Teilen Afrikas ist die Vorstellung verbreitet, dass die Eule eine Hexe sei und umgekehrt. Vielleicht liegt es daran: Der nächtliche Schrei der Eule ist den Menschen unheimlich.

Vielfach verglich man die Eulengestalt der Hexe mit einem Vampir, der Menschen aussaugt. Schon der antike römische Dichter Ovid nahm das an.

DAS SÄCHSISCHE TAUFGELÖBNIS

Dies lautete für einen Menschen, der um 772 n. Chr. getauft werden wollte: »Widersagst du dem Teufel? Und der Täufling antwortet: Ich widersage dem Teufel. Und allem Teufelsopfer? Er antwortet: Und ich widersage allem Teufelsopfer. Und allen Teufelswerken? Er antwortet: Und ich widersage allen Werken und Worten des Teufels, dem Donar und dem Wotan und dem Saxnot und allen den Unholden, die ihre Genossen sind. Glaubst du an Gott, den allmächtigen Vater? Ich glaube an Gott, den allmächtigen Vater. Glaubst du an Christ, Gottes Sohn? Ich glaube an Christ, Gottes Sohn. Glaubst du an den Heiligen Geist? Ich glaube an den Heiligen Geist.«

Danach flogen die alten, boshaften und zauberkundigen Weiber in Gestalt von Eulen an die Schlafstätten von kleinen Kindern, um ihnen das Blut auszusaugen. Mit der gestohlenen Lebensenergie, so der Glaube, erneuerten die Hexen ihre Kräfte. Das ausgesaugte Blut ersetzten sie durch Stroh, sodass die bestohlene Person am Ende völlig kraftlos starb.

Die Eule als blutsaugendes Hexentier ist in neueren Zeiten etwas in den Hintergrund getreten, stattdessen wurde ihre Klugheit hervorgehoben. In dieser Tradition symbolisiert sie für die Hexe das besondere Wissen, das natürlich ein geheimnisvolles Wissen ist.

Hokuspokus! Simsalabim! Abrakadabra!

Hokuspokus Fidibus, dreimal schwarzer Kater! Simsalabim! Abrakadabra! Das sind wahrscheinlich die bekanntesten Zaubersprüche. Sie klingen gut, aber auch ein bisschen wie ein Wortsalat. Woher kommen sie eigentlich?

Die ältesten Zaubersprüche, die uns überliefert sind, hören sich überhaupt nicht nach Hokuspokus an, sondern erwecken einen sehr ernsthaften Eindruck. Das Zaubern war damals ein Ritual, bei dem es darauf ankam, dass alles stimmte. Nur wenn der Zauber korrekt ausgeführt wurde, konnte er auch wirken. Deshalb mussten nicht nur die richtigen Worten gesprochen werden, auch die Sterne und der Mond sollten in einer ganz bestimmten Position stehen. Erst wenn die Kräfte der Sterne und der Worte zusammenwirkten, funktionierte der Zauber – das jedenfalls glaubten die Leute.

Auch das Besprechen von Krankheiten mit Beschwörungsformeln war in früheren Zeiten eine übliche Praxis. Mit Besprechen ist hier nicht gemeint, dass sich ein paar Leute zusammensetzen und gemeinsam über eine Sache diskutieren. Das einstige Besprechen bedeutete, dass man die Krankheit oder das Problem, um das es ging, wie eine Person ansprach und schließlich aufforderte zu verschwinden. Aus diesem Grund enthielt ein Zauberspruch oft einen erzählenden und einen befehlenden Teil. In dem erzählenden Teil wurde von einem Fall oder einer Geschichte berichtet, die dem aktuellen Problem ähnelte. In dem befehlenden Teil des Spruchs formulierte man das, was zur Behebung des Problems geschehen sollte.

Die ältesten germanischen Zaubersprüche, die uns überliefert sind, heißen Merseburger Zaubersprüche. Es sind zwei, und sie wurden deshalb so benannt, weil sie im Jahr 1841 in Merseburg in einer Handschrift aus dem 9./10. Jahrhundert gefunden wurden. Die Handschrift ist eigentlich eine Sammlung christlicher Lieder und kein Zauberbuch. Es waren aber noch zwei Seiten frei – und auf diesen schrieb ein unbekannter Gelehrter aus unbekannten Gründen die beiden Zaubersprüche. So lautet der zweite Merseburger Zauberspruch:

»Phol und Wodan ritten in den Wald. Da verrenkte sich Balders Fohlen einen Fuß. Da besprach ihn Sindgund und Sunna, ihre Schwester, da besprach ihn Frija und Volla, ihre Schwester, da besprach ihn Wodan, so gut wie nur er es konnte: wie die Verrenkung des Knochens, so die des Blutes, so die des ganzen Gliedes! Knochen an Knochen, Blut zu Blut, Glied an Glied, als ob sie zusammengeleimt wären!«

Habt ihr Wotan wiedererkannt, der hier mit seinen Gefährten durch den Wald reitet? Bei dem wilden Ritt hat sich ein Fohlen den Fuß verletzt. Sindgund, Sunna, Frija und Volla versuchen, mit einem Heilzauber das Bein zu heilen. Das gelingt ihnen aber nicht. Erst als Wotan, der mächtige Zauberer, den richtigen Spruch aufsagt, tritt die Heilung ein. Während der erste Teil des Zauberspruchs in der Vergangenheitsform geschrieben ist, ist der eigentliche Spruch in der Gegenwartsform verfasst (die Verben müssen wir im Kopf ergänzen), das macht ihn nachdrücklicher. Die Merseburger Zaubersprüche sind Zaubersprüche, die in guter Absicht gesprochen wurden, und gehören damit zur Weißen Magie.

Den christlichen Priestern und Pfarrern waren diese heidnischen Bann- und Abwehrzaubersprüche dennoch ein Dorn im Auge, und sie versuchten immer wieder, sie den Menschen zu verbieten. Da die Menschen aber in ständiger Furcht vor Verzauberung und Verhexung lebten und Abwehrzauber so alltäglich waren wie heutzutage das Frühstück, gaben die Kirchenoberen schließlich auf und wendeten eine andere Taktik an: Sie tauschten einfach die Namen aus. An die Stelle von Wotan trat Jesus Christus – und allen war geholfen. Aus heidnischen Zaubersprüchen wurden im Handumdrehen christliche Segenssprüche.

Woher stammen nun aber Zaubersprüche wie Abrakadabra und Simsalabim? Ihre Wurzeln liegen wahrscheinlich im Alten Ägypten. Die Ägypter waren schon seit frühesten Zeiten als Magier, Wissenschaftler und Astrologen berühmt. Als gläubige

Muslime pflegten sie vor einer wichtigen Tätigkeit die Worte »Bismillah al-rahman al-rahim« zu sprechen. Das bedeutet: »Im Namen Gottes, des Allbarmherzigen.« Da die Europäer von den Wissenschaften und Künsten der Araber sehr beeindruckt waren, wurde dieser Spruch als Simsalabim im Sinne von »Und es geschah!« übernommen.

Auch der Zauberspruch Abrakadabra hat wahrscheinlich arabische Wurzeln. Er könnte von einem alten Wetterzauber abstammen, bei dem man »abreq ad habra« sagte. Damit wurde »der Donner, der tötet« beschworen. Eine andere Erklärung geht auf die aramäische Formulierung »Avrah kadavra« zurück: »Ich werde erschaffen, während ich spreche.« In vielen Büchern und Amuletten findet sich Abrakadabra als sogenannte Schwindformel, die bei Krankheiten oder anderen Übeln angewandt wurde. Das Böse sollte in gleichem Maße verschwinden wie das Wort. Und das wiederum ließ man verschwinden, indem man den jeweils letzten Buchstaben wegließ, bis nur noch ein Buchstabe übrig war.

Das Abrakadabra musste in jedem Fall als Dreieck aufgeschrieben werden. Nicht nur durch den Inhalt, sondern auch durch die schriftliche Form des Spruches sollte der Zauber auf die Wirklichkeit einwirken. Das trifft ebenso auf die Zaubersprüche zu, die man rückwärts spricht, um etwas umzukehren. Deshalb wurde der lateinische Spruch SATOR AREPO TENET OPERA ROTAS für besonders mächtig gehalten, denn er ist ein Palindrom, also eine Wortgruppe, die vorwärts und rückwärts gelesen völlig gleich ist.

Über den Ursprung von Hokuspokus wurde viel spekuliert. Trotzdem weiß man nicht genau, woher dieser Zauberspruch stammt. Eine weit verbreitete

```
ABRAKADABRA
ABRAKADABR
ABRAKADAB
ABRAKADA
ABRAKAD
ABRAKA
ABRAK
ABRA
ABR
AB
A
```

```
S A T O R
A R E P O
T E N E T
O P E R A
R O T A S
```

Theorie besagt, dass er eine Parodie auf die Heilige Messe ist, die im 18. Jahrhundert von den Priestern in lateinischer Sprache abgehalten wurde. Die einfachen Leute vom Land verstanden natürlich kein Latein. Deshalb verhörten sie sich regelmäßig an einer sehr entscheidenden Stelle des Gottesdienstes. Wenn der Priester das Brot oder die Hostie in die Hand nahm, um es in den Leib Christi zu verwandeln, pflegte er zu sagen: »Hoc est enim corpus meum« – »Dies ist mein Leib«. Die Menschen hörten »Hokuspokus«, und weil die Wandlung von Brot in den Leib Christi etwas Magisches hat, wurde der Spruch zu einem Zauberspruch, der bald auch zu anderen Gelegenheiten verwendet wurde.

Was kocht die Hexe?

Bestimmt nicht Spaghetti Bolognese oder Kartoffelsuppe. Eher »Gekochten Hänsel« ohne alles. Denn wer kennt sie nicht, die Geschichte der beiden Geschwisterkinder Hänsel und Gretel, die von den Eltern im Wald ausgesetzt werden und sich verirren. Hungrig, durstig und müde gelangen sie schließlich zu einem einsamen Haus im Wald, das ganz und gar aus Brot, Pfefferkuchen und Zuckerguss gemacht ist. Während Gretel am Fensterrahmen knabbert und Hänsel sich an den Dachpfannen gütlich tut, ertönt aus dem Inneren des Hauses eine Stimme: »Knusper, knusper Knäuschen, wer knuspert an meinem Häuschen?« – »Der Wind, der Wind, das himmlische Kind«, antworten die Kinder und essen unbeirrt weiter. Die alte Frau, die in dem Häuschen wohnt, empfängt sie dennoch zunächst freundlich und gibt ihnen zu essen und ein Bett zum Schlafen.

Am nächsten Morgen aber zeigt sie ihr wahres Gesicht, ihr Hexengesicht. Gretel wird zur Dienstmagd abkommandiert, und Hänsel wird in einen Käfig eingesperrt, wo die Hexe ihn nun zu mästen beginnt, um ihn später aufzuessen. Das Töten und Essen von Kindern ist in allen Gesellschaften und Kulturen auf dieser Welt das schlimmste Verbrechen, das man sich überhaupt vorstellen kann. Die Art und Weise, wie die Hexe bei Hänsel und Gretel dabei vorgeht, ist allerdings recht bäuerlich. Der eingesperrte Hänsel wird gut gefüttert, damit er schön fett wird und einen leckeren Braten abgibt. So verfährt man normalerweise mit Gänsen vor Weihnachten. Als die Brüder Grimm zu Anfang des 19. Jahrhunderts dieses Märchen aufschrieben,

> **ZAUBER IM KINDERLIED**
>
> Das Märchen wurde auch zu einem Lied umgedichtet: »Hänsel und Gretel verirrten sich im Wald. / Es war so finster und auch so bitter kalt. / Sie kamen an ein Häuschen aus Pfefferkuchen fein. / Wer mag der Herr nur von diesem Häuschen sein?«

haben sie es ein bisschen umgedichtet. Es war noch nicht lange her, dass man wahrhaftig an Hexen glaubte. Und wenn man die Grimm'sche Hexe und ihren Haushalt samt Küche vergleicht mit den Beschreibungen in älteren Büchern, sieht man, dass es da zwar gewisse Ähnlichkeiten gibt, letztlich die alten Hexenküchen aber viel gruseliger waren. Jacob und Wilhelm Grimm haben versucht, die Hexenküche harmloser zu gestalten.

In einem Buch von 1793 mit dem Titel »Das Buch vom Aberglauben« wird eine angebliche Hexenküche beschrieben. Sie wird als Höllenküche charakterisiert, denn was dort im Hexenkessel über einem teuflischen Feuer zusammengebraut wurde, erschien demjenigen, der das aufzeichnete, mehr als eklig. Neben dem Kochtopf habe ein Menschenschädel gelegen, so wird erzählt, an dem sich noch ein paar Haare befanden. Die alte Frau, der die Küche gehörte, kaufte wohl vom Totengräber Leichenteile und verarbeitete sie zusammen mit Schlangenhäuten und Fröschen zu verschiedensten Getränken, Pasten und Salben. Statt mit Majoran und Petersilie wurden die Mixturen mit Totenfußnägeln und Stricken von Erhängten gewürzt.

Mit gesunder Ernährung hatten die Kochkünste der Hexen nun gar nichts zu tun. Wenn sie ein Gebräu aus Kröten und Menschenblut zubereiteten, sollten Nonnen einen steifen Hals bekommen. Und warfen sie Obstblüten in den Hexenkessel, konnte das Obst an den Bäumen verdörren. Aus gesottenem Kinderfett, Eleoselinum (auch Schreckkraut genannt), Pappelzweigen, Ruß, Fledermausblut, Öl und Bilsenkraut bereiteten sie für sich eine Salbe zum Fliegen. Für die Kröte hatte die Hexe übrigens vielseitige Verwendungen. Zum Beispiel benutzte sie diese zum Milchdiebstahl. Dazu hängte sie diese Tiere an einer Leine auf und melkte sie. Die Milch, die dabei gewonnen wurde, stammte eigentlich von den Kühen. Sehr kurios.

Etwas zu essen oder zu trinken, das von einer Hexe zubereitet war, bekam einem Menschen in jedem Fall nicht besonders gut. Meist wurde man augenblicklich verzaubert und stürzte ins Verderben. Alternativ gab es die Möglichkeit, Komplize

der Hexe zu werden. Im Hexenglauben der Tiv, eines afrikanischen Stamms, gab es eine grausame Verbindung von Hexerei und den Regeln der Gastfreundschaft. Wenn eine Hexe jemandem einen Eintopf anbot, in den sie Menschenfleisch hineingetan hatte, und man aß davon, musste man ihr bei nächster Gelegenheit das Gleiche servieren. Das war aber nur möglich, indem man ebenfalls zur Hexe wurde, denn nur so ließ sich Menschenfleisch beschaffen.

Die Menschen malten sich viele Jahrhunderte lang die schrecklichsten Dinge aus, was eine vermeintliche Hexe so in ihrer Hexenküche anstellen würde. Vieles von dem war geradewegs der Fantasie entsprungen. Man dachte es sich aus, um sich richtig schön schütteln und gruseln zu können. Aber manche Geschichten hatten auch einen wahren Kern: So gab es zu allen Zeiten Frauen, die sich mit den Wirkungen verschiedener Pflanzen und der Herstellung von Medizin auskannten. Viele Arzneien basierten auf Wirkstoffen, die aus Pflanzen gewonnen wurden, und die Frauen experimentierten vielfach herum, um noch bessere Heilmittel gegen bestimmte Krankheiten oder auch gegen Hexerei zu entdecken. Und natürlich hatten diese Frauen nicht nur Haferbrei auf ihrem Herd stehen. Das war auch klar, wenn sie Salben und Mixturen herstellten, von denen sie sich bestimmte Ergebnisse erhofften. Heutzutage weiß man, dass viele von den Pflanzen, Kräutern und Wurzeln, die in den alten Zauberbüchern erwähnt werden, tatsächlich Wirkstoffe enthalten, die entweder giftig oder heilsam sind.

Eine bekannte Zauberpflanze, um die sich jede Menge Mythen und Geheimnisse ranken, ist die

Alraune. Das Wort stammt aus dem Althochdeutschen und setzt sich zusammen aus »alb«, das ist eine Art Kobold, und »raunen«, was ja nichts anderes als ein Flüstern ist. Aber auch das Aussehen der Alraune weckte Interesse. Ihre Wurzel spaltet sich in zwei Teile, sodass man darin mit viel Vorstellungskraft eine menschliche Gestalt erkennen konnte. Entsprechend sprach man bei dieser Ritualpflanze sowohl von einer männliche Variante, »Alraun« genannt, als auch von der weiblichen »Alraune«.

Das Finden und Ausgraben der Alraune bedurfte diverser Rituale. So sollte man laut Theophrast von Hohenheim, der auch Paracelsus genannt wurde und im 16. Jahrhundert ein bekannter Heilkundiger war, die Alraune dreimal mit einem Schwert umschreiten und das Gesicht nach Westen wenden, wenn man mit dem Graben beginnen wollte. Und es sei besser, das Herausziehen der Pflanze einem Hund zu überlassen, so Paracelsus' Rat, denn die Alraune würde dabei fürchterlich schreien. Und dieser Schrei könne tödlich wirken auf den, der sie packe.

Tatsächlich kommt die Alraune nur äußerst selten vor, und die Pflanzen, die auf den Märkten als zaubermächtige Alraunen angeboten wurden, waren meist nicht echt, sondern viel harmlosere Gewächse wie Zaunrübe, Schwertlilie oder Knabenkraut. Neueste Untersuchungen der Alraune haben ergeben, dass ihre Wurzel hohe Anteile an Atropin und Hyoscyamin enthält, von Stoffen also, die in kleinen Dosen einschläfernd wirken, in größeren aber sehr anregend. Man sieht also: Die Hexen kannten sich schon aus mit dem, was sie in ihre Töpfe warfen.

Warum ist das Zaubern streng verboten?

Zwischen 1450 und 1750 wurden in Europa, vor allem in Frankreich, Italien und Deutschland, Hunderttausende Menschen der Hexerei angeklagt. Etliche von ihnen wurden für schuldig befunden und auf dem Scheiterhaufen verbrannt. Die Opfer waren meist unschuldige Frauen, denen unter grausamer Folter falsche Geständnisse abgepresst wurden. Wie aber kam es zu dieser massenhaften Hexenjagd, was löste einen solchen Hexenwahn aus? Und weshalb hörte er wieder auf? Geschichtswissenschaftler und Volkskundler konnten diese Frage bislang nicht abschließend klären, klar ist aber, dass es sehr turbulente Zeiten waren und die Kirche die Angst vor dem Teufel besonders eifrig schürte.

Dieses Kapitel sollte nur lesen, wer starke Nerven hat. Denn es wird hier erklärt, warum man mit den vermeintlichen Hexen so schrecklich umgegangen ist – und auch, warum Kinder daran nicht immer unschuldig waren.

Der erste überlieferte Fall von »Hexery«, der vor einem Gericht verhandelt wurde, ereignete sich im Jahr 1419 in Luzern. Zuvor hatte es natürlich schon Schadenszauberei gegeben, aber die Gerichte sahen darin wohl keinen Anlass, sich damit zu beschäftigen. Der Prozess in der Schweiz war das erste Mal, dass Hexerei als eine Straftat offiziell verhandelt wurde. Der letzte aufgezeichnete Fall, in dem eine vermeintliche Hexe zum Tode verurteilt wurde, stammt ebenfalls aus der Schweiz, aus Glarus in der Nähe des Walensees, datiert auf das Jahr 1782. Die betroffene Frau hieß Anna Göldin, und sie starb durch das Schwert. Zu dieser Zeit waren Hexenverbrennungen selten geworden, da seit vielen Jahren starke Kritik an den Hexenverfolgungen laut geworden war. Die öffentliche Meinung hatte sich längst zugunsten der armen Frauen gewandelt,

und so waren viele entsetzt über das, was mit Anna Göldin geschah, und sprachen von einem Justizmord. Nach ihr wurde in Europa nie wieder eine Hexe gerichtlich verurteilt. Die Zeit der legalen Hexenverfolgung war nach 350 Jahren endlich vorbei. Wenn nun Fälle vor Gericht kamen, in denen über Hexerei verhandelt wurde, dann ging es eher darum, dass die vermeintliche Hexe ihre Verleumder anklagte. So hatten sich die Zeiten geändert. Aber was war zwischen 1419 und 1782 in Europa passiert?

Die heilige römisch-katholische Kirche bekommt Konkurrenz

Der christlichen Kirche war Zauberei ja von jeher ein Dorn im Auge. Nicht von ungefähr heißt es im ersten biblischen Gebot: »Du sollst keine anderen Götter haben neben mir!« Jegliche Art von Zauberei funktionierte aber nur, wenn Götter, Geister oder Dämonen angerufen wurden. Der Zaubernde war also per se jemand, der an die falschen Götter glaubte und damit den wahren Gott des Christentums verleugnete. Die Priester und Missionare hatten sich über Jahrhunderte hinweg unendlich viel Mühe gegeben, die Menschen von Jesus Christus und dem Heiligen Geist als einzig wahrem Gott zu überzeugen. Manchmal versuchten sie es mit freundlichen Worten und durch gutes Zureden, manchmal aber auch mit Gewalt und der Androhung des Fegefeuers. Die Arbeit der Missionare zahlte sich aus. Im Laufe von fast tausend Jahren war es ihnen gelungen, all die heidnischen Gottheiten wie Wotan, Hekate oder Dionysos zu verdrängen und Jesus Christus an ihre Stelle zu setzen.

Europa war mehrheitlich christianisiert, trotzdem spukten die alten Geister und Götter auch weiterhin in den Köpfen vieler Menschen herum.

Die römisch-katholische Kirche war zu einer bedeutenden Institution geworden, aber sie wurde in gewisser Weise auch das Opfer ihres Erfolgs. Viele Menschen begannen, sich eigene Gedanken zu machen. Wenn sie lesen konnten, nahmen sie sich die Bibel oder andere theologische Schriften vor und verglichen das, was Jesus predigte, mit dem, was die Kirche lehrte und tat. Am Ende kamen sie zu dem Schluss, dass es da große Widersprüche gab. Mit Kreuzzügen und nackter Gewalt versuchte die katholische Kirche, die Menschen zum Glauben an Jesus Christus zu bewegen, der doch selbst Mitgefühl, Güte und Demut predigte. Durch diese Erkenntnis entwickelten sich kleine Gruppen von gläubigen Menschen, die ein Leben in Armut und Ergebenheit für ein wirklich christliches und gottgewolltes Leben hielten. Einer von ihnen war Petrus Waldes, ein Kaufmann aus Lyon. Waldes war ein gebildeter, reicher und tiefgläubiger Mann. Er verschenkte im 12. Jahrhundert sein ganzes Vermögen an die Armen und gründete eine neue Sekte. Er glaubte und predigte, dass Einfachheit und Askese die Voraussetzung für ein wahrhaft christliches Leben seien. Vor allem das Armutsgelübde provozierte die katholische Kirche, die den Menschen mehr und mehr Geld abverlangte, um den pompösen Lebensstil ihrer vielen Bischöfe, den Bau großartiger Kathedralen und die Kreuzzüge zu finanzieren. Deshalb wurde die Sekte der Waldenser – so nannten sich die Anhänger von Petrus Waldes – von der Kirche verboten.

Eine andere Gruppe, die in den Augen der Kirche ein großes Ärgernis darstellte, waren die schon erwähnten Katharer. Sie behaupteten, dass der Teufel die Welt erschaffen habe und der gute Gott Jesus Christus gesandt, um die reinen Menschen – nämlich die Katharer – zu befreien und in den Himmel zu führen. Das war in den Augen der katholischen Kirche eine unglaubliche Unverschämtheit.

Allein die Tatsache, dass die Katharer sich anmaßten, die Bibel eigenmächtig zu interpretieren, war Anlass genug, sie zu verdammen. Um diese Leute besser verfolgen zu können, entwickelte die

---

REGELN DES INQUISITIONSPROZESSES

Die Maßnahmen der kirchlichen Inquisition wurden mit einer außergewöhnlichen Gefahr begründet. Papst Innozenz IV. schrieb sie in einer Bulle, einer Urkunde, fest:

1. Das Verfahren wurde von Amts wegen durch besonders bevollmächtigte Inquisitoren eingeleitet.
2. Zur Verfahrenseinleitung reichte eine einfache Denunziation.
3. Als Ankläger und Zeugen waren alle Personen zugelassen, also auch solche, die normalerweise keine Rechtsfähigkeit besaßen (Frauen, Kinder sowie Kriminelle, Ehrlose, Unfreie).
4. Die Folter wurde zugelassen, um ein Geständnis zu erzwingen.
5. Verurteilung war auf bloßen Verdacht hin möglich.
6. Die Namen der Zeugen durften geheim bleiben.
7. Die Richter brauchten Verteidiger der Angeklagten nicht zuzulassen.

Kirche ein eigenes Untersuchungs- und Strafverfahren, bei dem die Wahrheit möglichst mithilfe eines Geständnisses ermittelt werden sollte. Um das zu erlangen, durfte man die verdächtige Person auch foltern. Dieses Verfahren nannte sich Inquisition und gehört zu den dunkelsten Kapiteln der Kirchengeschichte. Aufgrund der Inquisition konnte die Kirche ihre vermeintlichen Gegner nun wesentlich effektiver verfolgen. Überall wurden Inquisitoren, die als »Sonderermittler« mit speziellen päpstlichen Vollmachten ausgestattet waren, eingesetzt. Ihre Aufgabe bestand darin, Personen und Gruppen – die euch schon bekannten Ketzer – aufzuspüren, sie zu verhören, sie anzuklagen und zu verurteilen. Mit der Inquisition, den Inquisitoren und den Ketzerprozessen war eine wichtige Grundlage für die späteren Hexenverfolgungen geschaffen – nämlich ein formales, anerkanntes Verfahren. Damit die Hexenverfolgung ein so riesiges Ausmaß erreichen konnte, musste aber noch einiges mehr geschehen: Der Teufel musste neu erfunden werden!

Die Geburt des Teufels – und was die Dämonologen damit zu tun haben

Zu der Zeit als das Christentum die Welt erorberte, gab es im alten Persien noch eine andere sehr einflussreiche Religion. Sie wurde nach ihrem Propheten Mani Manichäismus genannt. Die Manichäer glaubten, dass das Reich der Finsternis und das Reich des Lichts durcheinandergeraten waren. Schuld daran trugen die Menschen. Deshalb sollten sie ein asketisches Leben führen, das auf Erkenntnis und Erlösung zielte. Nur so sei es möglich, dass das Licht die Oberhand über die Dunkelheit zurückgewinne.

> **DER MANICHÄISMUS**
>
> war zwischen dem 3. und 6. Jahrhundert nach Chr. im ganzen Mittelmeerraum verbreitet. Er lehrte, dass es ursprünglich ein Reich des Lichts und ein Reich der Finsternis gab, die sich bekämpften. Der Herrscher über das Lichtreich, das für das Geistige, für Vernunft, Denken, Einsicht und Friede steht, ist dem biblischen Gott vergleichbar. Der König der Finsternis (Teufel) gebietet über ein Reich aus Rauch, Feuer, Finsternis, Wasser und Wind. Aus Kampf und Vermischung beider Mächte gingen die Welt und die Menschen hervor.

Von diesem Glauben war ein Mann äußerst fasziniert. Er hieß Augustinus und war eigentlich Christ, aber er war mit seiner eigenen Religion nicht ganz zufrieden, denn sie gab ihm keine wirklich befriedigende Antwort auf die Frage, wie denn das Böse zu erklären sei. Ihn beschäftigte das Verhältnis zwischen dem Bösen und dem Guten, und natürlich dachte er auch darüber nach, welche Rolle die Menschen dabei spielten. Augustinus begann also, in der Hoffnung auf mehr Klarheit, sich mit der Zweiweltenlehre des Manichäismus zu befassen. Sein ganzer Ehrgeiz richtete sich darauf, eine Theologie zu entwickeln, in der Gott als das gute Prinzip die eigentliche Macht ist, in der aber gleichzeitig begründet wird, woher das Böse kommt. Augustinus, der 354 n. Chr. in Algerien geboren wurde, fand folgende Antwort: Der Teufel war ursprünglich ein Teil Gottes, ein Engel. Aber dieser Engel – er wurde Luzifer genannt – wollte irgendwann nicht mehr Untertan von Gott sein und lehnte sich gegen ihn auf. Statt Gott wollte er

lieber seinem eigenen hochmütigen Willen folgen. Dafür bestrafte ihn Gott: Er verbannte ihn aus dem Himmel, und Luzifer stürzte in die Hölle hinab. Dort nahm er später den Namen Satan an. Seitdem ist er der Gegenspieler Gottes.

Diese Erklärung des Augustinus bildet die Grundlage für den Teufels- und Dämonenglauben im Christentum. Immer wieder haben sich die christlichen Gelehrten zu bestimmten Zeiten die Bücher des Augustinus vorgenommen, seine Dämonenlehre gelesen und weiter ausgearbeitet. Das geschah auch im 13. Jahrhundert, als der Papst um seine Macht zu bangen begann, die Kirche von verschiedenen Seiten infrage gestellt wurde und Pest, Kriege und Missernten viele Menschenleben kosteten.

Die Leute glaubten, das Ende der Welt sei nahe. Und wenn die Zeiten schlecht sind, haben bekanntlich die Dämonen Konjunktur. Thomas von Aquin, ein Dominikanermönch aus Italien und einer der bedeutendsten katholischen Kirchenlehrer, stürzte sich besonders eifrig in die Dämonenkunde. Er begann, die Sache zu systematisieren, denn auch im Reich des Bösen musste schließlich

LUZIFER

Luzifer – lateinisch für »Lichtbringer« – hat im Lauf der Geschichte viele verschiedene Namen getragen, die geläufigsten sind Satan, Beelzebub oder Teufel. In Goethes »Faust« heißt er Mephisto und sagt über sich: »Ich bin ein Teil von jener Kraft, die stets das Böse will und stets das Gute schafft. Ich bin der Geist, der stets verneint! Und das mit Recht; denn alles, was entsteht, ist wert, dass es zugrunde geht; drum besser wär's, dass nichts entstünde. So ist denn alles, was ihr Sünde, Zerstörung, kurz das Böse nennt, mein eigentliches Element.«

eine gewisse Ordnung herrschen. Seine Lehre besagte, dass alle Zauberei und Magie nur mithilfe der Dämonen und des Teufels möglich sei. Um also zaubern zu können, musste der Magier oder die Hexe einen Pakt mit dem Teufel geschlossen haben. Dieser Teufelspakt sah so aus, dass die betreffende Person dem guten Gott abschwor und gelobte, dem Teufel zu dienen und von nun an Böses zu tun. Dafür versprach der Teufel ihr magische Kräfte und ein schönes Leben auf Erden. Durch diese Idee wurde jede noch so kleine Zauberei oder magische Handlung zu einem Verbrechen, denn dahinter stand ja in jedem Fall der Pakt mit dem Teufel. All die harmlosen und manchmal auch weniger harmlosen abergläubischen Rituale, die Bestandteil des Alltags waren, wurden dadurch im höchsten Maße verdächtig.

Der Teufelsglaube der Kirche und die abergläubischen Zaubereien des Volkes gingen eine verhängnisvolle Verbindung ein, denn erst der Pakt mit dem Teufel machte die Zaubereien zu einer Angelegenheit, die von der Kirche verfolgt wurde. Von nun an wurde es wirklich gefährlich, in den Ruf zu geraten, eine Hexe oder böser Zauberer zu sein. Das Gefühl der Bedrohung erwuchs darüber hinaus aus der Vorstellung, dass all diese Personen, die so einen Pakt abgeschlossen hatten, eine Art Gemeinschaft bildeten. Dass sie sich regelmäßig trafen, um dem Teufel zu huldigen, dass man es also nicht bloß mit Einzeltätern zu tun habe, sondern mit einer regelrechten Teufelssekte.

Viele Kirchenväter glaubten deshalb, in Übereinstimmung mit Gottes Willen zu handeln, wenn sie alles daransetzten, dieses Böse aus der Welt zu schaffen.

SCHOLASTIK

Die christlichen Gelehrten des Mittelalters nannten sich Scholastiker. Sie wollten die Existenz Gottes und den christlichen Glauben mit wissenschaftlichen Methoden begründen. Eines ihrer Spezialgebiete war die Dämonologie: die Wissenschaft von den Dämonen.

Einer der Inquisitoren spielte eine besonders verhängnisvolle Rolle. Sein Name war Heinrich Kramer. Er war Dominikaner und regelrecht besessen vom Hexenwahn. Im Jahr 1487 veröffentlichte er ein Werk mit dem Titel »Hexenhammer«. Das war eine Art Handbuch zur Hexenverfolgung. Dort stand drin, wie man eine Hexe erkennt, wie man sie zu foltern hatte, welche Fragen ihr gestellt werden sollten und wie man sie zu verurteilen hatte. Heinrich Kramer war in den Jahren, bevor er das Buch schrieb, durch Deutschland gezogen und hatte überall versucht, Hexen aufzuspüren und anzuklagen. In einigen Gegenden war er erfolgreich, in anderen stieß er auf den Widerstand der Autoritäten, denn auch in der Kirche selbst gab es viele Männer, die an der Existenz von Hexen zweifelten oder die Verfahren gegen sie für falsch und ungerecht hielten. Die Thesen, die im »Hexenhammer« vertreten wurden, waren so verworren und grausam,

dass schon damals viele Kirchengelehrte Heinrich Kramer für einen Verrückten hielten. Kramer aber kämpfte verbissen gegen die Hexen und sicherte sich zeitweise die Unterstützung des Papstes. Schließlich kam ihm auch noch ein Zufall zu Hilfe: Johannes Gutenberg hatte gerade den Buchdruck erfunden. Eigentlich eine schöne Sache. Aber eines der ersten Bücher, die in Druck gingen und so eine größere Leserschaft fanden, war der schreckliche »Hexenhammer«. Die Exemplare, die aus dieser Zeit erhalten geblieben sind, weisen starke Gebrauchsspuren auf. Man kann also davon ausgehen, dass der »Hexenhammer« nicht nur im Bücherregal stand. Die Hexenjäger haben ihn mit in die Folterkammern genommen und sich Schritt für Schritt an dem dort beschriebenen Vorgehen orientiert, um den vermeintlichen Hexen das Geständnis abzupressen, dass sie mit dem Teufel im Bunde stehen.

Zickenalarm und Hexenglaube!

Lange Zeit wurde die Frage, wer eigentlich für die Hexenverfolgungen geradezustehen hätte, sehr einseitig beantwortet. Manche machten allein die Kirche und ihr Inquisitionsverfahren für die Hexenverfolgungen verantwortlich, andere sahen in den abergläubischen und »dummen« Bauersleuten die Schuldigen. Die Hexenforscher sind heute der Ansicht, dass erst durch das Zusammenwirken von dörflichem Hexenglauben und kirchlichem Teufelsglauben die Hexenjagden, so wie sie in Europa passierten, möglich wurden.

Dieses Zusammenspiel liefert auch eine Erklärung dafür, warum die Hexenverfolgungen regional so unterschiedlich ausfielen. Manche Gebiete waren davon nämlich sehr stark betroffen und andere fast gar nicht: Wenn ein Landesfürst oder Bischof sich weigerte, den aus der Bevölkerung kommenden Hexenbeschuldigungen nachzugehen, weil er den Hexenglauben für Unsinn oder das ganze Verfahren gegen die Hexen für wenig gerecht hielt, passierte nichts. Wenn er sich aber dem Kampf gegen die bösen Hexen verschrieben hatte, konnten die An-

> **REGIONALE HEXENJAGDEN**
>
> So unterschiedlich konnte es aussehen: »In unmittelbarer Nachbarschaft der verfolgungsintensiven Territorien von Kurmainz und Kurtrier lag ein mächtiges weltliches Fürstentum, die Kurpfalz. Die Kurfürsten Friedrich IV. (1574–1610) und Friedrich V. (1596–1632) und ihre Regierung, Administration und Universität in Heidelberg stellten sich bereits im 16. Jahrhundert auf den Standpunkt, dass es keine Hexen gebe. Sie führten daher keine Hexenprozesse und verhinderten mit Macht, dass lokale Gerichte in der Oberpfalz solche zuließen.«

schuldigungen für das Opfer sehr gefährlich werden. Eine der Betroffenen war Barbell Lauer.

Ihr Schicksal zeigt, wie sich ein einfacher familiärer Streit so aufschaukeln konnte, dass am Ende mehrere Personen wegen Hexerei verurteilt und verbrannt wurden. Barbell Lauer war eine einfache Bauerstochter. Sie wurde in der Zeit um 1540 geboren. Zusammen mit ihrer Schwester Sunna wuchs sie in Merchingen auf, das damals zu Lothringen gehörte. Wahrscheinlich haben sie sich schon als Kinder häufiger gezankt, der Zwist zwischen den beiden Schwestern nahm jedenfalls kein Ende, auch als sie längst schon Erwachsene waren. Nachdem die beiden Schwestern das entsprechende Alter erreicht hatten, heirateten sie und bekamen Kinder. Barbell eine Tochter, die Entgen hieß, und Sunna zwei Söhne, Lorentz und Theel, sowie eine Tochter namens Clärgen. Alle lebten weiterhin im gleichen Dorf, und die Cousinen Entgen und Clärgen spielten öfter miteinander. Eines Tages gerieten die beiden Mädchen in Streit. Das rief die jeweiligen Mütter auf den Plan, die sich einmischten und sich ebenfalls gegenseitig anzichten. Im Laufe dieses Wortgefechts stieß die wütende Barbell eine Verwünschung gegen ihre kleine Nichte Clärgen aus, und von da ab kannte die Feindschaft zwischen den Schwestern und ihren Familien kein Halten mehr. Nachdem der siebenjährige Sohn Lorentz seine Tante Barbell auf der Straße als Zauberin beschimpft hatte, schnappte sie ihn sich und verhaute ihn nach Strich und Faden. Erst als Theel seinem Bruder zu Hilfe eilte, ließ Barbell von Lorentz ab. Und als Entgen und Clärgen erneut zusammenstießen, mischte Barbell sich wiederholt ein. Handgreiflichkeiten und Drohungen inklusive.

Nach diesem Streit aber schwoll der Körper von Clärgen ganz komisch an, und sie lag wochenlang im Bett. Nun glaubte nicht nur die Familie von Sunna, sondern auch der Pfarrer des Ortes, dass dies mit böser Zauberei zusammenhängen müsse. Und als Verursacherin kam natürlich nur Barbell infrage. Außerdem machte ein Gerücht die Runde: Ein Pferd sei durch die Zauberei von Barbell gestorben. Des Weiteren behauptete eine Nachbarin von Sunna, monatelang Schmerzen gehabt zu haben, nachdem Barbell sie an der Brust berührt hatte, und auch ihr siebenjähriger Sohn sei ganz plötzlich durch Magie dieser Frau gestorben, als er friedlich im Garten schlief.

Von da an wurde es für Barbell immer gefährlicher, denn jetzt hielt der Pfarrer sie eindeutig für eine Hexe. Er hatte zudem gehört, dass sie auch durch andere Hexen beschuldigt wurde. Und als schließlich der Mann von Sunna nach einem Dorffest plötzlich schwer erkrankte, kurz darauf starb und er zuvor immer wieder die Schwägerin als die Schuldige genannt hatte, schien das Schicksal von Barbell besiegelt. Allein durch das Einschreiten ihres Mannes, der ein angesehener Bürger des Dorfes war, wurde die Anklage abgewendet.

Barbell lebte nun einige Jahre in erbitterter Feindschaft mit ihrer Schwester, die jetzt Witwe war. Sie gab sich alle Mühe, nett und freundlich zu sein, um den Gerüchten, die Sunna weiterhin über sie verbreitete, den Wind aus den Segeln zu nehmen. Das gelang ihr auch bis zu jenem verhängnisvollen Ereignis: Barbell kochte immer für die Saisonarbeiter, die im Sommer auf dem Hof ihres Mannes arbeiteten. Einer dieser Männer – sein Name war Michael Müller – wurde auf einmal krank. Er behauptete steif und fest, dass das nur an Barbells Essen liegen könne. Noch bevor der Amtmann eintraf, war er bereits tot. Sein Körper war angeschwollen. Der Amtmann war wenig überrascht, denn mehrere Personen hatten Barbell Lauer ja schon der Hexerei bezichtigt.

Die Anklageschrift gegen sie wurde bei den Hochgerichtsherren eingereicht. Es fanden sich unzählige Zeugen aus dem Dorf und der Umgebung, die bereit waren, gegen sie auszusagen: an erster Stelle natürlich Sunna und ihre Söhne Lorentz und Theel, die inzwischen erwachsen waren. Vier Wochen lang wurden die Zeugen vernommen, und alle bestätigten die Anklage, dass Barbell Lauer schon seit Jahren mittels Zauberei Schaden im Dorf anrichtete. Sie bestritt alle Beschuldigungen – und verfluchte ihre Ankläger.

Am 10. September 1593 fand die Gerichtsverhandlung statt. Alle Zeugen erschienen und wiederholten ihre Anklage. Die Schwester Sunna war nicht gekommen, weil sie krank war. Barbell bestritt weiterhin die Vorwürfe, und der Amtmann ordnete daraufhin Folter an. Nachdem der Scharfrichter sie einmal mit auf dem Rücken zusammengebundenen Armen hochgezogen hatte, wobei aber die Füße noch auf dem Boden geblieben waren, bekannte sie, all dies getan zu haben und noch eine Menge mehr: Teufelspakt und Buhlschaft, Ritt zum Tanzplatz der Hexen, Herstellung von Hexensalben, Schadenszauber verschiedenster Art. Auch nannte sie zwanzig weitere Personen, die ebenfalls in die Kunst der Hexerei verwickelt waren. Unter anderem ihre Schwester Sunna und Lorentz.

Nach dem Verhör schaffte es Barbell, aus dem Raum, in dem sie gefangengehalten wurde, auszubrechen. Wenige Tage später wurde sie aber aufgegriffen, erneut verhört und gefoltert. Immer wieder beschuldigte sie ihre Schwester Sunna und deren Sohn Lorentz. So wurde schließlich auch Sunna gefasst und verhört. Das Ende des Streits: Am 27. September 1593 wurde Barbell bei lebendigem Leibe verbrannt. Ihre Schwester Sunna und deren Sohn Lorentz folgten ihr einen Monat später.

Was hat die Hexenjagd mit der Kleinen Eiszeit zu tun?

Die Hexenverbrennungen werden oft mit dem finsteren Mittelalter in Verbindung gebracht. Das ist aber nur zum Teil richtig. Natürlich liegen die Wurzeln des Hexenwahns im Mittelalter. Aber die wirklich schlimmen Hexenjagden, denen Hunderte von Personen zum Opfer fielen, passierten in der Frühen Neuzeit – also in einer Phase der Geschichte,

> **MITTELALTER**
>
> **Als Mittelalter bezeichnet man die Epoche zwischen Antike und Neuzeit. Das Ende der Antike wird meist mit dem Fall des Weströmischen Reichs gleichgesetzt, das 476 n. Chr. zusammenbrach, der Beginn der Neuzeit mit der Eroberung Konstantinopels durch die Osmanen im Jahr 1453. Das Mittelalter gilt unter Historikern nicht nur deshalb als düster, weil sich in dieser Zeit so schreckliche Dinge abspielten wie Pestepidemien oder Hexenverbrennungen, sondern auch, weil es schlecht dokumentiert ist. Wir wissen über vieles nicht genau Bescheid, weil wichtige Quellen verloren gegangen sind. Im Mittelalter selbst glaubte man sich im »christlichen Zeitalter« zu befinden, das mit der Geburt Christi begonnen hatte und mit dem Jüngsten Gericht enden würde.**

als viele Menschen davon ausgingen, die Zeit der Hexenverbrennungen sei längst vorbei.

Der Hintergrund dafür war folgender: In der Kirche hatte es im 15. und 16. Jahrhundert große Erneuerungen gegeben, die vor allem mit dem Wirken von Martin Luther zusammenhingen. Martin Luther war ein überzeugter Christ, aber auch er hielt die Art und Weise, wie die katholische Kirche den christlichen Glauben praktizierte, für geradezu unchristlich. Damit sprach er vielen Zeitgenossen aus der Seele. Nachdem er mehrere Male versucht hatte, bei den Geistlichen Gehör zu finden, und nur auf taube Ohren gestoßen war, veröffentlichte er 1517 seine fünfundneunzig Ablassthesen, die auf viel Zuspruch stießen. Daraus entwickelte sich eine eigene christliche Bewegung, die die Grundlage für die spätere evangelische Kirche bildete. (Diese Veränderung innerhalb der Kirche wird Reformation genannt.) Der absolute Machtanspruch der katholischen Kirche war damit gebrochen. Und damals glaubte man, dass jetzt auch die Zeit der

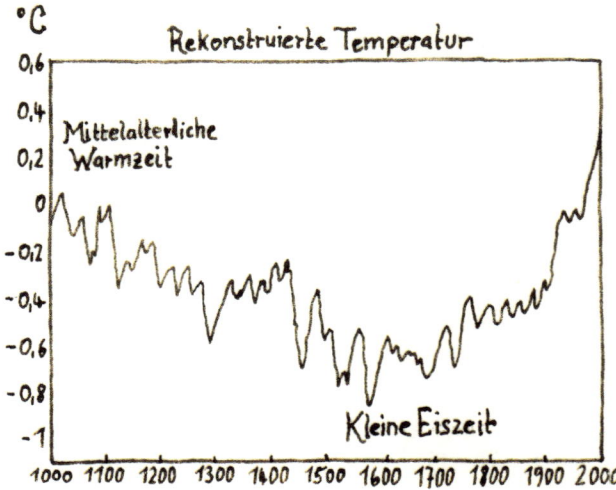

Hexenverbrennungen vorbei sei. Aber das war ein großer Irrtum.

Der Grund dafür, dass die Hexenjagden nun erst richtig losgingen, obwohl in den Jahrzehnten davor diesbezüglich regelrecht Ruhe herrschte, war ein Ereignis, mit dem niemand gerechnet hatte: Man nennt es die Kleine Eiszeit. Was war passiert? Die Temperaturen in Europa kühlten sich mit Beginn des 15. Jahrhunderts auf einmal deutlich ab. Die Winter waren lang, es gab noch im Mai Fröste; und die Sommer waren nass und kalt, sodass das Getreide auf den Feldern nicht richtig reif werden konnte oder verfaulte. Missernten waren die Folge. Dies war besonders in den Jahren nach 1580 zu spüren. Die unteren Stände der Bauern, Handwerker und Leibeigenen konnten sich das immer teurer werdende Getreide nicht mehr leisten. Die Menschen hungerten.

Hinzu kam die verstärkte Ausbreitung der Geldwirtschaft. Bevor das Geld zum allgemeinen Tauschmittel wurde, herrschte Naturalhandel. Die Bauern machten ihre Abgaben an die Lehnherren in Form von Naturprodukten: Getreide, Bier, Milch, Käse. Die Menge der Abgaben war von der Ernte abhängig. Mit dem eingeführten Geld änderte sich das. Nun wurde einfach ein Betrag festgesetzt, der unabhängig davon, wie viel die Bauern geerntet hatten, gezahlt werden musste. Das konnte einen kleinen Landwirt in den Ruin treiben. Die Reichen waren dagegen in der Lage, mit dem eingetriebenen Geld teures Importgetreide zu kaufen.

Das war aber noch nicht alles. In den Jahren 1585 bis 1588 und 1592 bis 1593 rollten zwei Pestwellen über das Land. Die Menschen starben wie die Fliegen. Kein Wunder, dass die Bevölkerung in

KLEINE EISZEIT

Eine Erklärung für die Kleine Eiszeit könnte eine verstärkte Tätigkeit von Vulkanen sein, wodurch große Mengen von Staub und Asche in die Erdatmosphäre geschleudert wurden, die das Sonnenlicht eine Zeitlang dämpften. Sie könnte aber auch mit einer verminderten Aktivität der Sonne selbst zusammenhängen – oder mit beiden Ereignissen zusammen. Die Meteorologen forschen immer noch nach den Ursachen.

> **SCHEITERHAUFEN**
>
> In der Zeit nach 1586 loderten in Deutschland und Frankreich die meisten Scheiterhaufen. Manche Verurteilte wurden vorher erwürgt, die meisten wurden bei lebendigem Leib verbrannt. Wer Glück hatte, erstickte am Rauch, bevor die Flammen den Körper erfassten.

Panik geriet und für all diese Schicksalsschläge wieder einmal die Hexen verantwortlich machte. Diese Hexenjagden wurden zu regelrechten Selbstläufern, die, nachdem sie einmal begonnen hatten, nicht mehr zu stoppen waren. Jeder Hexenprozess zog weitere nach sich, denn bei den Verhören kam es den Anklägern und Richtern vor allem darauf an, dass die vermeintliche Hexe auch die Namen der anderen Hexen nannte. Sinn der Sache war es ja, alle Hexen zu vernichten, um ihrem schädlichen Treiben ein Ende zu setzen.

Die meisten Prozesse waren keine gütlichen Befragungen, sondern Verhöre unter Folter, durchgeführt vom Scharfrichter und den Folterknechten. Das alles gab es schon früher, doch die Foltermethoden wurden immer grausamer, die Prozesse immer erbarmungsloser und willkürlicher. Normalerweise begann eine Folterung mit dem sogenannten Aufziehen. Das ging so: Man fesselte die Hände auf dem Rücken, anschließend zog man die Person mit einem Seil hoch. Dabei verrenkten sich die Arme, sodass nicht selten die Schultergelenke ausgekugelt wurden. Beim leichten Aufziehen, wie es Barbell Lauer erlitt, blieben die Fußspitzen auf dem Boden. Sollte das nicht zu einem Geständnis führen, verschärfte man das Vorgehen. Das Opfer wurde nach oben gehievt, mit Gewichten behängt und danach aus voller Höhe auf den Boden fallen gelassen. Zwischen jedem neuen Folterschritt berieten sich Scharfrichter und Ankläger, wie weiter zu verfahren sei. Folterbank oder Daumenzwingen?

Das Maß an Schmerzen und Qualen, das die einzelnen Menschen ertragen konnten, war sehr verschieden. Manche bekannten ihre angebliche Schuld schon unter leichter Folter, andere erst, nachdem sie bereits halb tot waren. Eine Regel der Folter war, dass die oder der Angeklagte sein unter Folter abgegebenes Geständnis später bestätigen musste. Viele widerriefen, sobald sie nicht mehr den Schmerzen ausgesetzt waren. Dann wurden sie wieder gemartert. Das Spiel setzte sich so lange fort, bis die Person schließlich zugab, was man von ihr hören wollte. Wenn jemand eine schwere Peinigung ohne Geständnis ertrug, behaupteten die Ankläger, dass das nur mithilfe des Teufels möglich sei. Und wenn Menschen unter der Folter starben, wurde das ebenfalls dem Teufel zugeschrieben, der der Hexe, bevor sie andere Hexen verraten konnte, den Hals umgedreht habe.

In ihrer Not nannten die Gefolterten Namen, die ihnen einfielen. Manche nutzten die Gelegenheit, um mit alten Feinden abzurechnen, andere zählten einfach wahllos Namen auf. Einer dieser Unglücklichen war Johannes Junius. Er war Bürgermeister von Bamberg gewesen. 1628 wurde er, nachdem ihn mehrere Personen unter Folter als Hexer denunziert hatten, verhaftet, malträtiert und verurteilt. Aus seinem Kerkerloch schrieb er einen herzzerreißenden Brief an seine Tochter Veronica, in dem er sich von ihr verabschiedete und zugleich seine Unschuld beteuerte. Dieser Brief zeigt, wie hoffnungslos die Lage der Angeklagten war, denn natürlich war Johannes Junius nicht schuldig. Aber er wusste, dass er keine Chance hatte und zum Tode verurteilt werden würde:

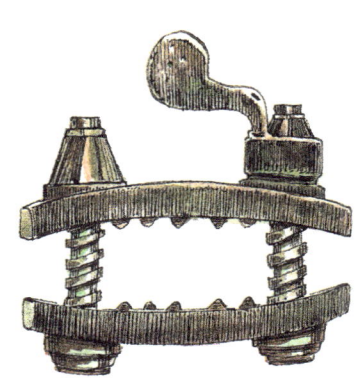

Zu viel hundert tausend guter Nacht hertzliebe Dochter Veronica.
Unschuldig bin ich in das gefengnus kommen, vnschuldig bin ich gemartert worden, vnschuldig

> **STADT DES GRAUENS**
>
> Trier war eine Stadt, die sich der Hexenjagd regelrecht verschrieben hatte. Überall wimmelte es von Anklägern, Richtern, Gerichtsdienern und Henkersknechten. Der Scharfrichter stolzierte in einer goldenen Uniform durch die Stadt, und seine Frau putzte sich wie eine Adelige heraus. Die anderen Menschen lebten dagegen in einem Klima von Angst und Schrecken.

muß ich sterben. Denn wer in das haus kompt, der muß ein Drudner (Hexer) werden oder wird so lange gemarttert, biß das er etwas auß seinem Kopff erdachte weiß, vnd sich erst, daß got erbarme, vf etwas bedencke ... Vnd da kam leider, Gott erbarm es in höchstem himmel, der hencker und hat mir den Daumenstock angelegt, bede hende zusamen gebunden, daß das blut zu den negeln heraußgangen vnd allenthalben daß ich die hendt in 4 wochen nicht brauch koennen, wie du da auß dem schreiben seh kannst. So hab ich ... gesagt, weyl es Gottes ehr vnd nahmen anlang, den ich niht verleugnet hab, so will ich mein vnschult vnd alle diese marter vnd pein in seine 5 wunden leg(en) er wirt mir mein schmertz lindern, daß ich solche schmertz aussteh(en) kann ... Als nun der Hencker mich wieder hinwegführt in das gefengnus, sagt er zu mir: Herr, ich bit euch vmb gotteswillen, bekennt etwas, es sey gleich war oder nit. Erdenket etwas, dan ir könnt die marter nicht ausstehen, die man euch anthut, vnd wann ir sie gleich alle ausstehet, so kompt ir doch niht hinaus.

Johannes Junius, Bamberg, 1628

Hat denn niemand den Hexen geholfen?

Doch! Natürlichen sahen viele Menschen die Widersprüche und Ungereimtheiten, die in einem Hexenprozess passierten. Die einfachen Leute brauchten dafür einfach nur ihren Menschenverstand, die gebildeten Personen zitierten sogar juristische Schriften, um die Ungerechtigkeit des ganzen Verfahrens anzuprangern. Aber Wahn und Angst waren oft stärker als die Argumente der Vernunft.

Einer, der sich nicht irre machen ließ, sondern auf sein eigenes Gewissen und seinen Verstand hörte, war Agrippa von Nettesheim, der in Köln zur Welt gekommen war. Er war Anwalt, aber nicht nur das. Er war vor allem auch ein mutiger Mann, der sich von den Hexenjägern nicht einschüchtern ließ. Im Jahr 1519 übernahm er die Verteidigung einer Bauersfrau, die von dem berüchtigten Inquisitor Nikolaus Savini bereits gefoltert worden war und auch schon ein Geständnis abgelegt hatte. Es sah also gar nicht gut aus, als Agrippa von Nettesheim für sie in den Ring stieg.

Die Verteidigungsstrategie des Anwalts sah nun nicht so aus, dass er versuchte, die Unschuld der armen Bauersfrau zu beweisen. Er beschritt einen viel radikaleren Weg: Agrippa von Nettesheim griff den Inquisitor direkt an und legte dar, warum nicht die Anklagte eine Hexe sei, sondern der Inquisitor selbst ein Ketzer. Die einzige Begründung von Savini, warum die Frau wie eine Hexe zu behandeln sei, bestand nämlich darin, dass er meinte, schon die Mutter der Angeklagten sei eine Hexe gewesen und als solche verbrannt worden. Man wisse ja, Hexen würden ihre Kinder direkt nach der Geburt dem Teufel weihen, vielleicht wären sie sogar mit seiner Hilfe gezeugt worden – Teufelsbrut sozusagen. Dabei berief er sich auf den »Hexenhammer«, der dreiunddreißig Jahre zuvor erschienen war. Agrippa zeigte nun, dass die Argumentation des Inquisitors in höchstem Maße gotteslästerlich war, weil sie die Zeremonie der Taufe infrage stellte. Bei dieser heißt es nämlich: »Weiche, unreiner Geist, und mache Platz dem Heiligen Geist.« Wenn es stimmte, was Savini behauptete, dann wäre all das Bemühen der Priester und der Kirche um die Rettung der Seelen und das Heil der Taufe umsonst. Das zu verkünden sei aber im höchsten Maße ketzerisch. Würde er das einsehen?, fragte Agrippa den Inquisitor. Savini sah das natürlich nicht ein. Aber er fühlte sich in die Enge getrieben und drohte, Agrippa nun seinerseits als Ketzer zu verfolgen. Das Gericht, das über den Fall zu entscheiden hatte, folgte aber Agrippas Logik. Die Bauersfrau wurde freigesprochen, und die Dorfbewohner, die sie verklagt hatten, zu hohen Geldstrafen verurteilt.

Agrippa von Nettesheim war ein rastloser Geist, deshalb hielt es ihn auch nicht in Metz, wo sich dieser Fall abgespielt hatte. Er zog weiter, und überall, wo er hinkam, warf er sich in die Schlacht gegen den Hexenwahn. Das Erstaunliche daran war, dass Agrippa die stillschweigende Unterstützung von Papst Leo X. und seinen Nachfolgern zu genießen schien, denn die Kirche in Rom unternahm nichts, um Agrippa von seinen Aktivitäten gegen die Inquisitoren, die ursprünglich im Auftrage der Kirche unterwegs gewesen waren, abzuhalten. Wie lässt sich das erklären?

Der Papst und die Kurie in Rom, all die Verwalter des Heiligen Stuhls, verfolgten seit den Jahren um 1520 eine gemäßigte Politik im Umgang mit den Hexen. Das lag unter anderem an Andrea Alciati, einem italienischen Rechtsgelehrten. Er war einige Zeit durch Deutschland und Frankreich gereist und war Zeuge der dortigen Hexenverfolgungen geworden. Von den schrecklichen Auswüchsen der Hexenverbrennungen berichtete er auch in Rom. Die Inquisitionsgerichte in Italien wurden daraufhin immer vorsichtiger. Statt die Hexen zu verfolgen, kontrollierten sie die lokalen Gerichte viel strenger und verhinderten dadurch viele Hexenprozesse. Auch die Benandanti, von denen noch die Rede sein wird, verdankten dieser Politik ihr Leben. So wurden in Italien wahrscheinlich nicht mehr als tausend Hexen verbrannt.

In Deutschland und Frankreich hatten es die Gegner der Hexenprozesse dagegen schwerer, denn sie wurden mit fortschreitender Zeit vor allem von weltlichen Gerichten geleitet. Unter dem Einfluss von Agrippa von Nettesheim kämpfte der protestantische Arzt Johann Weyer dafür, mit den Hexenprozessen endlich Schluss zu machen. Er veröffentlichte 1563 ein Buch mit dem Titel »De praestigiis daemonum« (»Von den Blendwerken der Dämonen«). Alle bis dahin bekannten Argumente, die sich gegen den Hexenglauben richteten, fasste er zusammen und prangerte sie an. Viele Priester und Gegner der Hexenprozesse lasen sein Werk und predigten entsprechend.

Auch Friedrich Spee, ein katholischer Bischof, setzte sein Leben aufs Spiel, als er gegen den Hexenglauben schrieb, denn die Gefahr, ins Visier der Hexenjäger zu geraten, war groß. Deshalb veröffentlichte Friedrich Spee – natürlich anonym – im Jahr 1631 sein Buch »Cautio Criminalis« (»Rechtliches Bedenken wegen der Hexenprozesse«), eine Schrift, die im katholischen Bereich erste Einwendungen gegen Folter und Hexenglauben vortrug. Als guter Katholik hielt er die Existenz von Teufel und Hexen zwar nicht für prinzipiell ausgeschlossen, doch kritisierte er die Prozesse, die in seinen Augen eine reine Farce waren. Er schrieb: »Wehe der Armen, die einmal ihren Fuß in die Folterkammer gesetzt hat! Sie wird ihn nicht wieder herausziehen, bevor sie alles nur Denkbare gestanden hat.

Häufig dachte ich bei mir: Dass wir alle nicht auch Zauberer sind, davon sei die Ursache allein die, dass die Folter nicht auch an uns kam, und es ist sehr wahr, was neulich der Inquisitor eines großen Fürsten zu prahlen wagte, dass, wenn unter seine Hände und Torturen der Papst fallen sollte, ganz gewiss auch er sich als Zauberer bekennen würde.« Friedrich Spee spricht in seinem Buch davon, dass man den armen, alten Frauen, auch wenn sie vielleicht im Aberglauben verhaftet seien, mit Liebe und Mitleid begegnen müsse. Die Hexenverfolger sprachen dagegen von der »Vernichtung des Ungeziefers«, dieses »Unkraut« habe man mit Stumpf und Stiel »auszurotten«.

Es gab also sowohl unter den Katholiken als auch unter den Protestanten mutige Männer, die sich gegen den Hexenwahn auflehnten und alles daransetzten, dieses grausame Treiben zu beenden. Das wurde ihnen jedoch wirklich schwer gemacht. Im Jahr 1590 erließ die Münchener Regierung eine Verordnung, nach der es katholischen Geistlichen nicht mehr gestattet war, sich auf Argumente von protestantischen Priestern zu beziehen. Die einstmals gemeinsame Front der kirchlichen Hexenverteidiger wurde nun auch noch gespalten. Der Streit zwischen den beiden Konfessionen führte weiterhin dazu, dass einige protestantische Pfarrer anfingen, den katholischen Glauben für den Hexenwahn verantwortlich zu machen. Der Konflikt zwischen Katholiken und Protestanten nahm also den Gegnern der Hexenprozesse am Ende viel Durchschlagskraft.

Trotzdem setzten sich die Kräfte der Vernunft ab 1630 mehr und mehr durch. Vor allem Angehörige von Verfolgungsopfern übten, wenn sie über politische Macht und gesellschaftlichen Einfluss verfügten, Druck aus. Schließlich gab auch der römisch-deutsche Kaiser Ferdinand II. nach. Er erließ ein Mandat, das die Hexenverfolgungen verbot. Zusätzlich ernannte er einen kaiserlichen Beauftragten, der über die Einhaltung wachen sollte. Einige Zeit später erließ der Kurfürst von Regensburg eine ähnliche Anweisung. Sie war zwar geheim, aber sie verbot den Beamten, Hexenprozesse zu betreiben. Es dauerte allerdings noch eine Weile, bis sich im politisch zersplitterten Deutschland dieser Kurswechsel durchsetzte und auch noch der letzte Hexengläubige in dem kleinen Fürstentum die entsprechend denunzierten Frauen in Ruhe ließ. Der wichtigste Schritt war jedoch getan: Die Hexenprozesse wurden als ungesetzlich angesehen und hörten allmählich auf.

Die Hexen von Salem

Eine der spektakulärsten Hexenjagden wurde im kolonialen und puritanischen Nordamerika betrieben, obwohl der Hexenglaube dort sonst keine große Rolle spielte. Die Ausnahme von dieser Regel betraf das Dorf Salem in den Jahren 1692 und 1693. Was hier, nördlich von Boston in Massachusetts, passierte, spottet jeder Beschreibung. Und Schuld daran war eine Gruppe von Mädchen, die eine blühende Fantasie hatten.

Alles begann in der Küche von Pfarrer Parris. Dort arbeitete Tituba. Tituba war eine Sklavin, eine sehr liebe und fleißige Person. Betty, die neunjährige Tochter des Pfarrers, hielt sich am liebsten bei Tituba in der Küche auf und lauschte den Mär-

---

DIE HEXENWAAGE VON OUDEWATER

konnte eine ungewöhnliche Rettung für eine Frau sein, die im Verdacht stand, Hexerei zu betreiben. Die Waage war eine ganz gewöhnliche Marktwaage, auf der meist Käse, Kartoffelsäcke oder Stoffballen gewogen wurden – manchmal aber auch Menschen. Das lief nach einer sehr ausgefeilten Zeremonie ab, bei der der Bürgermeister der niederländischen Stadt Oudewater anwesend war. Die Person, die gewogen werden sollte, musste sich zunächst in einer Kammer entkleiden. Dort wurde sie von einer Hebamme begutachtet. Diese musste versichern, dass sich keinerlei Gewichte oder Ähnliches am Körper befanden. Nur im Hemd wurde die Frau dann gewogen. Wenn ihr Gewicht zur Körpergröße passte, bekam sie ein Zertifikat ausgestellt, das dies bestätigte und damit den Hexenverdacht ausschloss. Mit diesem Dokument gingen die Leute dann in ihr Dorf zurück, zeigten es vor und wurden – hoffentlich – von weiteren Beschuldigungen verschont.

chen, die sie ihr erzählte. Weil sie das so wunderbar konnte, lud Betty ihre Freundinnen dazu ein, und so kam es nicht selten vor, dass eine ganze Horde von Mädchen bei Tituba in der Küche saß und diese ihrem Erfindungsgeist immer freieren Lauf ließ, um die Mädchen zu unterhalten.

Die kleine Betty war eine der Jüngsten unter ihnen, und wahrscheinlich waren die Geschichten, die Tituba erzählte, einfach zu aufregend für sie. Jedenfalls bekam sie Bewusstseinsstörungen und Krämpfe, genau wie eine Freundin, die in ähnliche Zustände verfiel. Es dauerte nicht lange und all die Mädchen aus diesem Kreis fingen zu zittern an. Sie sprachen wirres Zeug, lagen stundenlang in Erstarrung auf dem Bett und waren nicht ansprechbar. Der besorgte Pfarrer ließ einen Arzt rufen, aber seine Bemühungen brachten nichts. Die sonst so braven Mädchen fluchten, stießen ungehörige Laute aus und führten sich wie Furien auf. Betty schleuderte sogar eine Bibel durch das Wohnzimmer.

Einige geistliche Kollegen des Pfarrers kamen und stellten fest, dass die Mädchen von bösen Geistern besessen sein mussten. Sie bedrängten diese, doch die Namen derjenigen zu nennen, die sie verflucht hatten. Auch Tituba versuchte zu helfen und praktizierte einen Zauber, der die Mädchen von dem bösen Geist befreien sollte. Dazu rührte sie einen Kuchenteig an und tat Pipi von den besessenen Mädchen dazu. Anschließend kam der Kuchen in den Ofen, und als er fertig war, gab sie ihn einem Hund zu fressen. Auf diese Weise sollte der böse Geist der Mädchen auf den Hund übergehen. Als der Pfarrer erfuhr, was man für einen heidnischen Hokuspokus in seinem Haus veranstaltete, wurde er sehr wütend.

Die Mädchen begannen nun immer häufiger Titubas Namen zu erwähnen, wenn man sie danach fragte, wer sie denn verhext habe. Auch zwei andere Frauen nannten die Mädchen, und so wurden alle drei verhaftet und vor Gericht gestellt. Vor den Richtern war Tituba sehr auskunftsfreudig. Sie erzählte, dass sie zum Hexensabbat geflogen sei und dass sie dort einen schwarzen Mann getroffen habe. Alles, was das Gericht hören wollte, malte sie noch weiter aus. Die Richter betrachteten Titubas Gesprächigkeit als Zeichen ihrer Reue und ließen sie am Leben, behielten sie aber in Haft.

In Salem gelangte man bald zu der Ansicht, dass der Teufel es im Speziellen auf dieses kleine Städtchen abgesehen habe, um es für sein Höllenreich zu erobern. Im Kampf gegen dieses Böse war bald jedes Mittel recht. Das erste Opfer der Hexenjagd war eine der beiden Frauen, die Betty und ihre Freundinnen genannt hatten. Die Verhaftete weigerte sich standhaft, irgendeinen Teufelspakt zu gestehen. Und nun ging es erst richtig los. Die Richter in Salem hielten sich an den sogenannten Gespensterbeweis: Wenn eines der Mädchen von Krämpfen geschüttelt den Namen einer Person stammelte, war man davon überzeugt, dass diese die Besessenheit verursacht habe. Die Person wurde in der Folge festgenommen und den Mädchen vor Gericht gegenübergestellt. Verfielen diese daraufhin in ihre üblichen Zuckungen und Schreianfälle, sahen die Richter es als bewiesen an, dass die Angeklagte schuldig sei. Häufig geschah es, dass eines der Mädchen einen Namen rief, worauf die anderen ebenfalls anfingen, diesen herauszuschreien.

Das Gerichtsverfahren konnte nicht mehr als ein solches bezeichnet werden. Die Mädchen trieben es immer wilder. Am Anfang hatten sie noch Namen von unbeliebten Personen und Außenseitern genannt, aber je länger das Ganze dauerte, umso ehrwürdigere Personen wurden Opfer ihrer Bezichtigungen. Doch die Richter glaubten ihnen immer noch. Wenn jemand es wagte, gegen diesen Spuk aufzubegehren und das Beweisverfahren infrage zu stellen, konnte er ziemlich sicher sein, dass sein Name als Nächstes von zuckenden und schäumenden Mündern gestammelt werden würde.

Zur gleichen Zeit setzte man in Massachusetts einen neuen Gouverneur ein. Er hieß Phips, und er trat kein leichtes Amt an, denn die Gegend um Salem kämpfte, außer mit Hexen und Gespenstern, auch noch mit Krankheitsepidemien, Überfällen von Indianern und Missernten. Phips ging zunächst davon aus, dass die Richter in Salem ihre Sache schon richtig machten, denn diese Männer waren ja keineswegs irgendwelche Hinterwäldler, sondern durchaus angesehene und studierte Personen. Er ließ sie also gewähren – bis die verrückten Mädchen die Frau von Gouverneur Phips als Hexe anklagten. Phips war sich sicher, dass da ein Irrtum vorliegen müsse. In Sachen Gespensterbeweis ließ er sich nun von unabhängigen Stellen beraten. Er schrieb einen Brief nach London – und bekam von dort postwendend die Antwort, dass das in Salem angewandte Beweisverfahren schlimmster Unfug sei und er, Phips, alle Maßnahmen anwenden dürfe, um es zu stoppen. Und das tat er auch. Alle Gefangenen wurden befreit – es waren immerhin 150 Personen. Das Gericht in Salem hatte den Anklagen der Mädchen kaum noch folgen können. Dennoch hatte die Hexenjagd zweiundzwanzig Menschen das Leben gekostet. Dass es nicht mehr waren, lag dar-

an, dass die Richter allen Personen, die gestanden hatten, Gefängnisstrafen gewährten; nur die Ungeständigen wurden zum Tode verurteilt.

Die Bewohner von Salem gingen aber, nachdem sich die Hexenjagd als großer Irrtum herausgestellt hatte, nicht einfach zur Tagesordnung über, sondern übten Reue. Das hatte es in der langen Geschichte der Hexenverfolgung so gut wie nie gegeben. Salems Bürger trafen sich zu gemeinsamen Gebeten für die Verstorbenen und ordneten ein kollektives Fasten an, um für die begangenen Ungerechtigkeiten Buße zu tun. Die Richter von Salem unterschrieben eine gemeinsame Erklärung: »Wir waren nicht imstande, die geheimnisvolle Verblendung der Macht der Finsternis zu durchschauen … Wir haben unwissend und unabsichtlich über uns selbst die Blutschuld gebracht.« In Amerika wurde danach nie wieder eine Person als Hexe verurteilt. Salem hatte mit all seinen Schrecken der Vernunft zum Durchbruch verholfen.

Warum reiten Hexen auf dem Besen?

Jedes Kind weiß, die Hexe reitet auf einem Besen durch die Luft. Und wohin fliegt sie? Natürlich zum Hexensabbat, zur Walpurgisnacht oder zum Blocksberg. Sie trifft sich dort mit anderen Hexen – vielleicht sogar mit dem Teufel. An diesem Ort tauschen Hexen gern die neuesten magischen Rezepte und Sprüche aus, zaubern um die Wette und tanzen um das Feuer. Jedes Kind weiß: alles Quatsch! Niemand kann auf einem Holzstock durch die Lüfte fliegen, und Hexen gibt es nur im Märchen. Dennoch stellt sich die Frage, warum die Hexe auf einem Besen reitet und nicht viel bequemer auf einem Teppich sitzend durch die Lüfte schwebt, wie es Aladin mit der Wunderlampe tat.

Einige Wissenschaftler haben sich auf die Suche nach einer Erklärung gemacht. Denn auch aus anderen Kulturen sind Personen bekannt, die irgendwo hinfliegen, um böse Geister gnädig zu stimmen oder verloren gegangene Seelen wieder einzufangen. Die Forscher stießen dabei auf volkstümliche Mythen von »nachtfahrenden« Menschen. Deren Seelen verließen in der Nacht den Körper, um für das Wohl der Gemeinschaft zu kämpfen. Ihre Träume und Erzählungen sind eine Quelle für den Hexenritt auf dem Besen – auch wenn es oftmals Ofenbänke, Schweine oder Ziegen waren. Die Entdeckung dieser Traumreisenden – sie nannten sich Benandanti – war eine kleine Sensation.

Das Fliegen hat die Menschen schon immer fasziniert. Lange bevor sie wirklich losflogen, hatten sie sich Bilder vom Fliegen gemacht. Sie dachten sich Wesen aus, die fliegen konnten: geflügelte Götterboten und gefallene Engel. Sie fertigten Konstruktionszeichnungen von aberwitzigen Fluggeräten an und bastelten Modelle, die den Vogelkörper nachahmten. Der Traum vom Fliegen beflügelte die Fantasie und den technischen Ehrgeiz. Der Himmel wurde in der Vorstellung der Menschen stets von einer Vielzahl verschiedenster Kreaturen beflogen. Die fliegende Hexe stellt also nur einen Sonderfall unter vielen anderen flugfähigen Gestalten dar.

Doch schließlich reichte es den Menschen nicht mehr, sich bloß Geschichten vom Fliegen auszudenken. Sie wollten selbst fliegen und begannen mit allen möglichen Flugapparaten herumzuexperimentieren. Das war abenteuerlich und risikoreich. Aber schließlich gelang es ihnen: Im Jahr 1783 stieg der erste Heißluftballon mit einem Physiker und einem Offizier als Versuchspersonal in die Luft. Das war ein bedeutender Tag für die Menschheit. Denn nun war klar: Der Mensch kann fliegen. Was jahrtausendelang für unmöglich gehalten wurde, war eingetreten – der Mensch schwebte durch die Luft, und das Zeitalter der technischen Luftfahrt hatte seinen Anfang genommen. Allerdings ging es noch etwas holprig dabei zu. Die erste Luftfahrt mit Menschen an Bord dauerte nicht länger als fünfundzwanzig Minuten, erreichte nur eine Höhe von ein paar hundert Metern und endete auf einem Acker. Es qualmte mächtig, die Landung war etwas rumpelig, aber nun gut. Es war ja auch erst der Beginn. Dagegen waren die Flugträume

---

DIE BRÜDER MONTGOLFIER

Joseph Michel und Jacques Étienne Montgolfier waren Söhne eines französischen Papierfabrikanten. Als Erwachsene experimentierten sie mit verschiedenen luftdichten Hüllen und Papieren, die sie mit »leichter Luft« füllten. Und im Dezember 1782 gelang es ihnen, einen Ballon mittels erhitzter Luft zum Aufsteigen zu bringen. König Ludwig XVI. begann sich daraufhin für die Experimente der Brüder zu interessieren und lud sie zur Demonstration ihrer »fliegenden Kugel« ein. In seiner Anwesenheit stieg ein Heißluftballon mit drei quicklebendigen Tieren (Hammel, Ente und Hahn) auf. Da die Tiere das Experiment überstanden, gab der König die Erlaubnis zu einem Aufstieg mit Menschen. Am 21. November 1783 hoben die ersten menschlichen Luftfahrer vom Boden ab.

äußerst elegant gewesen. Weite Strecken schaffte man ohne Schwierigkeiten, noch dazu in großen Höhen, denn die Schwerkraft spielte in den Gedanken keine Rolle.

Der Blocksberg – Lieblingstanzplatz der Hexen

Seit jeher und überall haben sich die Menschen den Kopf zerbrochen, wie die Welt entstanden ist. Wie ist es passiert, dass wir einen Himmel, eine Sonne und einen Mond haben? Woher kommen die Menschen, die Tiere, die Sterne? Die Menschen stellten sich solche Fragen und suchten hierfür nach Erklärungen, lange bevor sie mit Urknalltheorie und Evolutionsbiologie konfrontiert wurden. Und so existieren in fast allen Gesellschaften Ursprungsmythen, die die Entstehung des Kosmos schildern. Weit verbreitet war der Glaube, dass ursprünglich eine große Einheit herrschte: Der Himmel und die Erde waren eins, aber auch die Männer und Frauen, das Gute und das Böse. Aber plötzlich passierte etwas – und die kosmische Ordnung geriet aus den Fugen. Ein Gott wollte auf einmal mehr Macht als die anderen haben, oder es gab intergalaktischen Zwist zwischen verwandten Gestirnen. Manche nahmen auch an, dass ein Tier auf einmal ein Mensch sein wollte und damit alles durcheinanderbrachte.

Die Varianten, mit denen der Beginn der Welt und das Erscheinen der Menschen beschrieben wurde, lassen sich kaum zählen. Viele Kulturen haben die Vorstellung entwickelt, dass es eine Ober-, eine Mittel- sowie eine Unterwelt gibt. Die Oberwelt war der Himmel. Dort wohnten die Göt-

> **MYTHEN**
>
> Viele Mythen handeln vom Ursprung der Welt. Sie erzählen eine Geschichte, die die Entstehung des Himmels, der Erde, der Menschen und der Tiere erklärt. Mythen sind immer ort- und zeitlos. Das bedeutet, dass sie keine historische, nachprüfbare Wirklichkeit darstellen. Die Geschichte von Adam und Eva gehört zum Beispiel zum biblischen Schöpfungsmythos.

GÖTTER MIT FLÜGELN

Dass Götter fliegen können, wertete man als Zeichen ihrer göttlichen Macht. Man stellte sie mit Flügeln dar oder als ein vogelartiges Mischwesen – so etwa den mexikanischen Gott Quetzalcoatl. Auch die Vögel selbst, allen voran den Adler, verehrte man wegen ihrer Fähigkeit, durch die Lüfte fliegen zu können. Nicht selten sah man sie als königlich oder gar heilig an.

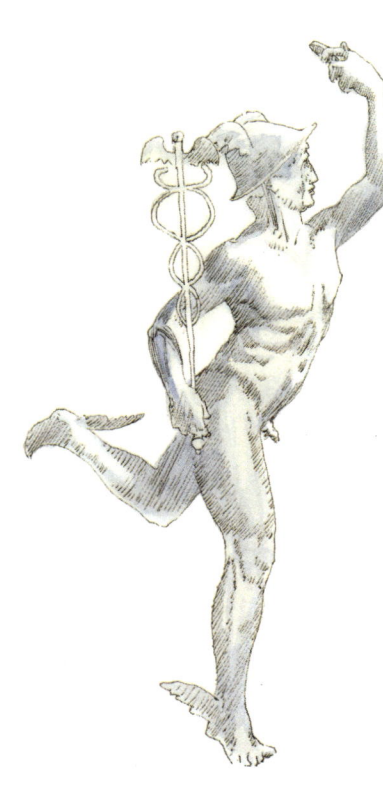

ter und ihre himmlischen Assistenten. Die Mittelwelt galt als der Lebensraum der Menschen. In der Unterwelt lebten die bösen Geister, Dämonen, der Teufel und die Hexen.

Durch die Trennung der verschiedenen Welten stellte sich zwangsläufig die Frage des Transports von der einen Welt in die andere, denn die Menschen wollten natürlich gern näheren Umgang mit den Göttern pflegen. Es musste also geflogen werden. Und die »Himmelfahrt« von Heiligen, Schamanen und den toten Seelen war äußerst beliebt. Dem Flug in den Himmel stand die Fahrt in die Unterwelt gegenüber. »Fahr zur Hölle!«

In der griechischen Mythologie funktionierte die Kommunikation zwischen den Göttern und den Menschen oft durch Vermittler. Hermes war ein solcher Götterbote. Er trug geflügelte Sandalen, damit er große Entfernungen in Windeseile zurücklegen konnte. Wegen seines enormen Tempos verehrten die Menschen ihn als Gott der Reisenden und Wanderer – aber auch der Diebe. Denn schon als kleines Kind klaute er seinem großen Bruder Apollo die Rinder. Sein Vater Zeus schätzte den gewitzten Hermes, weil er ihm bei seinen zahllosen Liebesabenteuern half.

Es sind aber auch mythische Flüge überliefert, die tragisch endeten. So machte sich Dädalus als Erfinder, Künstler und Baumeister bei Minos, dem König von Kreta, recht nützlich. Weil er Minos' Tochter Ariadne den Trick mit dem Labyrinth verriet, durch den er das grausige Ungeheuer Minotaurus tötete, fiel er aber in Ungnade und wurde mit seinem Sohn Ikarus eingesperrt. Dem schlauen Dädalus gelang es schließlich, für sich und seinen Sohn Flügel zu bauen, mit denen sie von der Insel fliehen wollten. Die Flügel waren aus Wachs und Federn gemacht, und Dädalus warnte Ikarus, nicht zu hoch zu fliegen, damit das Wachs durch die Sonnenstrahlen nicht schmelzen würde. Der Junge war jedoch so begeistert vom Fliegen, dass er höher und höher stieg und darüber alle Warnungen vergaß. Natürlich kam er der Sonne zu nahe – und stürzte ab. Sein Vater begrub ihn und grämte sich ein Leben lang.

Obwohl durch verschiedenste Flugkünste bereits eine Verbindung zwischen Göttern und Menschen bestand, gab es auch »bodenständigere« Kontakte zwischen Himmel und Erde. Bei einigen Kulturen war das ein riesiger Baum, der in den Himmel wuchs. Bei anderen eine Art Strickleiter, eine Kette aus Pfeilen oder Lianen, eine Brücke oder der Regenbogen. Sehr verbreitet war und ist die Vorstellung, dass die hohen Berggipfel einen direkten Zugang zum Himmel bieten. So gilt in Indien der Himalaja als Sitz der Götter und Abflugplatz für den mythischen Sonnenvogel Garuda, der auch als Götterbote im Einsatz war.

Aber nicht nur die Götter schätzen die hohen Berge, auch ihre Widersacher, also die bösen Geister, der Satan und die Hexen. Sicher habt ihr euch schon mal überlegt, warum auf Bergspitzen immer Kreuze oder Kapellen sind. Genau! Damit wollte die römisch-katholische Kirche die Hexen vom Landen auf diesen Gipfeln abhalten. Was sie aber nicht daran hinderte, dennoch einige Bergkuppen zu erobern. Der berühmteste Hexenberg ist der Brocken im Harz, wo sich einmal im Jahr zur Walpurgisnacht am 1. Mai die Hexen versammeln.

Der Glaube, dass sich auch der Teufel gern auf den Berggipfeln aufhält, hängt mit der biblischen

Geschichte der Versuchung Christi zusammen, die seinen Glauben infrage stellen sollte. Laut dieser Legende flog der Teufel mit Jesus auf einen hohen Berg. Von dort oben zeigte er ihm die Herrlichkeit und Größe der Welt und versuchte ihn so auf seine Seite zu ziehen, was ihm natürlich nicht gelang. Insofern ist es verständlich, wenn die Kirche die Flughoheit über die großen Berge für sich beansprucht.

Was ist der »Canon Episcopi«?

Die katholische Kirche hat in Sachen Hexenflug eine ganz schön widersprüchliche Rolle gespielt. Einerseits erzählten die christlichen Priester den Menschen mit Drohgebärden, dass alles dummer Unfug und Aberglaube sei, wenn sie es für wahr hielten, dass Wotan, Diana, Holda, Fortuna und wie die heidnischen Götter alle hießen mit einer Schar von Jungfrauen durch die Wälder und über den Himmel jagen würden. Andererseits hatten sie Mitleid mit den armen, verirrten Seelen. Ihr Aberglaube wurde für Dummheit gehalten, von der man sie heilen müsse. Diese Lehre wurde um das Jahr 901 in einem Buch mit dem Titel »Canon Episcopi« niedergelegt. In diesem »Kanon der Bischöfe« wurde ausdrücklich die Meinung vertreten, dass die Nachtfahrten von Diana und anderen Göttern, Geistern und Hexen allesamt reine Einbildung seien. Man hielt sie für Fantasiegespinste, die den Leuten von eben diesen bösen, heidnischen Gestalten vorgespiegelt wurden. Der »Canon Episcopi« wurde als offizielle Kirchenmeinung vierhundert Jahre lang vom Vatikan vertre-

ten. Die Kirche hatte damit dem Glauben an den Hexenflug offiziell den Kampf erklärt.

Im 13. Jahrhundert aber änderte die Kirche ihre Ansicht und kam zu einer ganz anderen Lehrmeinung, und das kam so: Die römisch-katholische Kirche war zu einer unglaublich einflussreichen Institution geworden. Die Macht des Papstes und der Reichtum der Kirchen waren gigantisch. Und jene schon bekannten Ketzer griffen die Kirche auch deswegen an, weil sie aus den Menschen viel Geld herauspresste. Das sei wahrlich nicht christlich. Um diese Kritiker nun besser verfolgen zu können, befanden die Kirchengelehrten, dass es den Hexenflug doch geben könnte. Dadurch wurde es nämlich sehr viel einfacher, den unliebsamen Leuten zu unterstellen, dass sie sich nachts mit dem Teufel trafen und sich auf dem Hexensabbat herumtrieben. Das war so eine wilde Party, zu der nur böse Dämonen eingeladen wurden und wo man gemeinschaftlich dem wahren, guten Gott abschwor und dem Teufel huldigte. Der Glaube an den Hexensabbat und den Hexenflug wurde also von der Kirche eifrig geschürt. Nur so war es ihr möglich, ihre Widersacher zu bekämpfen. Das war ihr zu dieser Zeit wichtiger als die eigene aufklärerische Tradition. Statt für den »guten Gott« zu werben, bekämpfte sie seine vermeintlichen Gegner, den Teufel und seine Anhänger.

Warum haben Schamanen so ein komisches Kostüm an?

Der Ballon der Brüder Montgolfier flog mit heißer Luft. Die Hexen mit Magie. Mit der Frage, wie diese magischen Flüge eigentlich funktionierten, haben sich wiederum Ethnologen beschäftigt. Die Schamanen, die Zauberer und Medizinmänner in Asien, gelten hierbei als Experten auf dem Gebiet des magischen Fluges. Deshalb haben die Völkerkundler sie intensiv erforscht und sich gefragt: Wie machen die Schamanen das mit dem Abheben?

Ein Schamane wird gerufen, wenn jemand ein Problem hat, bei dem er nicht mehr weiterkommt, bei einer Krankheit, einem Streit oder einer wichtigen Entscheidung. Mithilfe einer Séance oder Trance-Reise tritt der Schamane mit den Geistern, den Göttern oder auch den Seelen der Toten in Kontakt. Er befragt sie zur Sache. Das ist ein bisschen wie bei einer Gerichtsverhandlung, bei der Staatsanwalt und Verteidiger den Tathergang und die Schuldfrage zu klären versuchen. Der Schamane steht natürlich auf der Seite desjenigen, der ihn bestellt hat. Er bemüht sich also, alle relevanten Informationen zu erhalten, und wenn er den Übeltäter oder die abtrünnige Seele gefunden hat, wird er alles unternehmen, um die Sache auch gleich wieder ins Reine zu bringen.

Bevor der Schamane aber mit seiner Traumreise beginnt, bedarf es diverser Vorbereitungen. Das beginnt mit dem Kostüm. Auf dem Kopf trägt er einen Helm, der mit Hörnern oder einem Hirschgeweih versehen ist. Manchmal wählt er auch eine weiße oder schwarze Pelzkappe, je nachdem ob er Hilfe von guten oder bösen Geistern erhalten soll. In wärmeren Gegenden reicht ein am Kopf befestigter Federschmuck. Am Körper ist er mit vielerlei Metallteilen behängt. Einige davon haben die Gestalt von mythischen Tieren, sie sollen den Schamanen in seinem Kampf unterstützen. Andere Schamanen tragen Glöckchen, die auf Schritt und Tritt klingeln und beim wilden Tanz einen Höllenlärm veranstalten – natürlich mit dem Ziel, die bösen Geister zu vertreiben.

Vogelfedern, überhaupt das Vogelmotiv, spielen bei fast allen Schamanenkostümen eine besondere Rolle. Der Mongolenschamane hat Flügel an seinem Outfit, und sobald er in dieses hineinschlüpft, fühlt er sich in einen Vogel verwandelt. Man kann sich vorstellen, dass ein solcher Vorgang das Fliegen enorm erleichtert. Weiterhin gehört zur Grundausstattung eines jeden Schamanen eine Trommel. Idealerweise hat der Schamane sie aus einem Ast des Weltenbaums gemacht, sodass der Aufstieg in den Himmel erleichtert wird.

> **SÉANCE**
>
> Der Begriff »Séance« stammt aus dem Französischen und bedeutet »Sitzung«. Diese sieht aber nicht aus wie eine im Bundestag, bei der die Politiker stundenlang über eine Sache diskutieren – und manchmal doch zu keinem Ergebnis gelangen. Hier ist eine spirituelle Sitzung gemeint, in der man sich mit den Seelen der Verstorbenen und anderen Geistern unterhält.

Eine Séance kann bis zu drei Tagen dauern. Der erste Tag dient dann den Vorbereitungen. In der Mitte der Jurte – dies ist das Zelt der Nomaden – oder der Hütte wird etwa ein Birkenstamm aufgestellt. Die eigentliche Zeremonie findet schließlich am darauffolgenden Abend statt. Während der Schamane tanzt und die Trommel schlägt, ruft er die Hilfsgeister an. Er opfert ihnen gebratenes Fleisch, um sie herbeizulocken. Da die Hilfsgeister zahlreich sind und alle höchstpersönlich angesprochen werden wollen und auch nicht immer auf den ersten Ruf hören, zieht sich dieser Teil des Rituals oftmals in die Länge. Nicht selten beansprucht er die ganze Nacht, manchmal sogar mehrere Nächte. Während all dieser Stunden hüpft und tanzt der Schamane um den Birkenstamm herum und schlägt ununterbrochen die Trommel. Die Metalltiere und Glocken wirbeln und rasseln und klirren im Takt der Trommel. Obwohl der Tanz des Schamanen immer wilder wird und die Zelte und Hütten nicht groß und dazu voller Menschen sind, stößt er niemanden an. Auf dem Höhepunkt des Tanzes erscheint der Himmelsvogel. Der Schamane ahmt seinen Schrei nach und breitet die Arme aus. Dabei rennt er mehrmals um die Birke. Die Trommel wird immer schwerer, er verfällt in Zuckungen und murmelt Unverständliches. Dies ist der Moment, in dem der Schamane seinen Körper verlässt. Plötzlich springt er auf, schreit vor Begeisterung und klettert an der Birke hoch. Während er die verschiedenen Stufen des Baumes emporsteigt, durchreist er die verschiedenen Himmel. Je mächtiger und mutiger der Schamane ist, desto mehr Himmel kann er bereisen.

Sitzt er oben auf der Birke, beginnt er wieder zu sprechen. Seine Stimme ist verändert. Sie hört sich geisterhaft an und abgehackt. Der Schamane gibt nun Auskunft über die Zukunft. Dabei geht es zum Beispiel darum, wie das Wetter wird, aber er berichtet auch von möglichen drohenden Unglücksfällen und Epidemien. Durch die Stimme des Schamanen lassen die Götter die Menschen wissen, was sie von ihnen erwarten und ob sie ihnen wohlgesinnt sind. Wenn alles gesagt ist, bricht der Schamane zusammen. Er liegt am Ende der Traumreise auf dem Boden der Hütte, und man nimmt ihm die Trommel weg. Nach einiger Zeit erwacht der Schamane, reibt sich die Augen und begrüßt die Anwesenden.

Durch den rhythmischen Takt der Trommel, verschiedene Rituale, aber auch durch die enorme Anstrengung, die das stundenlange Tanzen bedeutet, war der Schamane in Ekstase geraten. Das Wort stammt von dem griechischen Begriff »ekstasis« und bedeutet »Aus-sich-Heraustreten«. Die Seele des Schamanen tritt vorübergehend aus seinem Körper und kann dann wie ein Vogel fliegen.

Das christliche Weltbild teilt diese Vorstellung einer vom Körper unabhängigen Seele. Wenn ein Mensch stirbt, löst sie sich vom Körper und steigt in den Himmel. Der Zustand, in dem Körper und Geist (Seele) getrennt sind, ist dem Tod ähnlich. Deshalb erfahren die Schamanen auch besondere

> **INUIT**
>
> Inuit ist die politisch korrekte Bezeichnung für die Bewohner des Polarkreises, insbesondere Grönlands und Kanadas. Das Wort »Eskimo« bedeutet wörtlich übersetzt »Fleischfresser« und ist eigentlich ein Schimpfwort.

Anerkennung für ihren Mut, sich der Gefahr der Todesnähe auszusetzen. Viele der Handlungen und Rituale, die sie vornehmen, dienen aber auch dazu, genau diese Gefahr zu bannen. Im Zustand der Ekstase, wenn die Schamanen dem Tod sehr nahe sind, ist es deshalb durchaus sinnvoll, die Hilfsgeister lieber einmal mehr als einmal zu wenig anzurufen.

Nicht immer ist die Kontaktaufnahme mit den Göttern Anlass für die Flüge, manchmal sind es auch eher weltliche Probleme. So schickten die Inuit, die Eskimos, ihre Schamanen einst auf Flugreisen, um geeignete Siedlungsplätze ausfindig zu machen. Das ewige Eis, in dem die Inuit leben, ist bekanntlich riesig. Deshalb legten die Schamanen bei ihrer Suche nach freundlicheren Gegenden oft große Entfernungen zurück. Sie reisten etwa von Sibirien über die Behringstraße bis nach Alaska. Von einem dieser Schamanen, der sich gerade auf dem Rückflug von einer solchen Erkundungsreise befand, wird berichtet, dass er auf einmal ein Feuer am Himmel sah. Als er näher kam, erkannte er einen befreundeten Schamanen. Es war sein Stellvertreter, der die Morgenschicht übernahm. Als sie aneinander vorbeiflogen, nickten sie sich freundlich zu – so wie es die Busfahrer machen.

Schamanen gibt es in Sibirien, Nord- und Südamerika, und inzwischen leben auch einige in Berlin. Schamanenflug und Hexenflug ähneln sich insofern, als beides Traumreisen sind – auch wenn die Hexe nicht zu Tanz und Glöckchen greift, sondern lieber eine Flugsalbe in ihrer Hexenküche anrührt, wenn sie sich mal wieder von ihrem hässlichen alten Körper trennen will.

Antifaltencreme? Nee, Antischwerkraftsalbe!

Die meisten Geständnisse und Berichte von Hexenflügen stammen aus der Zeit zwischen 1560 und 1650. Damals ging es den einfachen Menschen, insbesondere den Bauern, ziemlich schlecht. Die Herrscher führten ständig Krieg. Permanent zogen Truppen über das Land, brannten Dörfer nieder, plünderten und brandschatzten. In diese Zeit fiel auch der Dreißigjährige Krieg (1618–1648). Hinzu kam, dass so manche Ernte durch Hagel oder späten Frost ruiniert wurde. Es gab große Hungersnöte, denn das Korn, das auf den Feldern wuchs, reichte längst nicht aus, um alle Menschen zu ernähren. Also streckten die Leute in der Not das Mehl mit allen möglichen Wald- und Wiesenpflanzen. Normalerweise besteht ein Brot aus Mehl, Wasser, Salz und Hefe. Damals aber befand sich neben diesen Zutaten auch noch einiges andere in diesem Nahrungsmittel, zum Beispiel Bilsenkraut. Bilsenkraut, das muss man wissen, gehört zu den Nachtschattengewächsen und enthält ein Alkaloid, eine bestimmte chemische Verbindung. Dieser Stoff ist stark giftig und kann Halluzinationen und Visionen hervorrufen. Es konnte aber auch sein, dass sich durch das feuchte und kalte Wetter ein Pilz namens Mutterkorn am Getreide festsetzte. Das Gift dieses Pilzes gelangte dann ebenfalls mit ins Brot. Von so einem Brot wurde man unter Umständen nicht nur satt, es konnte einem davon auch ganz schön schwindelig werden.

Angesichts der unerfreulichen Wirklichkeit kam einigen Menschen ein derartiger Taumel vielleicht gerade recht, sodass sie gezielt nach solchen Pflanzen suchten, die einem nicht nur einen kleinen

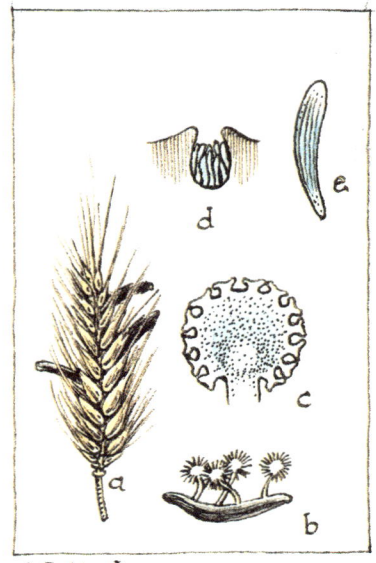

Mutterkorn
a Roggenähre mit Mutterkörnern
b Keimendes Mutterkorn mit gestielten Köpfchen
c Längsschnitt durch ein Köpfchen
d Krugförmige Vertiefung am Rande des Köpfchens mit Sporenschläuchen
e Sporenschlauch

> **LIEBESTRAUM**
>
> Aus dem lothringischen Metz wird folgende Anekdote berichtet: Im 16. Jahrhundert fand ein Arzt bei einer Hexe ein Gefäß mit einer stinkenden grünen Salbe. Von dieser nahm er einiges an sich und machte mit der Ehefrau des ortsansässigen Henkers ein Experiment: Er bestrich die Frau von oben bis unten mit der Salbe. Die fiel daraufhin mit offenen Augen in einen tiefen Schlaf. Nach sechsunddreißig Stunden gelang es dem armen Arzt endlich, die Frau wieder wachzurütteln. Sie aber beschwerte sich: »Warum wecken Sie mich zu so ungelegener Zeit? Ich war umgeben von allen Lüsten und Freuden der Welt.« Und zu ihrem Mann, der dabeistand, sagte sie lachend: »Wisse, Schelm, dass ich dir Hörner aufgesetzt habe mit einem Buhlen, jünger und schöner als du.«

Schwindel, sondern gleich einen tollen Traum verschafften. Auf diese Weise ließ sich das Elend wenigstens für eine Weile vergessen. Und vielen der vermeintlichen Hexen sagte man nun nach, sich mit Heilpflanzen, Kräutern und den Wirkungen von Pflanzen im Allgemeinen auszukennen. Es kursierten Gerüchte von Hexensalben, Hexenschmier und Flugsalbe. Da lag es doch nahe, sich mehr für diese Dinge zu interessieren.

Der erste Arzt, der ein solches Hexensalbenrezept niederschrieb, war Johannes Hartlieb. 1456 verfasste er ein Buch mit dem mittelhochdeutschen Titel: »Das puch aller verpoten kunst, ungelaubens und der zaubrey« (in heutigem Deutsch: »Das Buch der verbotenen Künste«). Schon damals benutzten die Ärzte gern Latein. Deshalb sprach Johannes Hartlieb von »unguentum pharelis«, als er die Hexensalbe meinte. »Unguen« jedenfalls bedeutet im Lateinischen »Fett«, doch »pharelis« scheint eher eine Worterfindung zu sein, keiner weiß bis heute genau, was es bedeutet. Aber die Salbe wurde von Hartlieb auch »unguentum sabbati« oder »unguentum populi« genannt. »Sabbati« verweist natürlich auf den Hexensabbat, und »populus« ist der lateinische Name für »Pappel«, für jenen Baum, dessen Blätter im Wind so schön rauschen. Der Blütenstaub der Pappel bildete dann auch die Grundsubstanz der Hexensalbe – aber das war das einzig Harmlose. Die wirksamen Bestandteile einer solchen Salbe stammten nämlich von verschiedenen Nachtschattengewächsen: Tollkirsche, Engelstrompete, Stechapfel, Bilsenkraut, Alraune. Sie alle enthalten starke Gifte wie Alkaloide, Scopolamin, Hyoscyamin oder Atropin, die Halluzinationen hervorrufen können.

Neben diesen Pflanzen mit ihren halluzinogenen Stoffen wurde der Hexensalbe auch Vogel- oder

DAS BUCH DER VERBOTENEN KÜNSTE

Aus dem 32. Kapitel: »Zu sölichem farn nützen auch man und weib, nemlich die unholden (Unholde, Hexen), ain salb die hayst unguentum pharelis. Die machen sy uß siben krewtern (Kräutern) und prechen yeglichs kraute an ainem tag, der dann dem selben krautt zugehört. Als am suntag prechen und graben sy Solsequium, am mentag Lunariam (Silberblatt), am eretag (Dienstag) Verbenam (Eisenkraut), am mittwochen Mercurialem (Bingelkraut), am pfintztag (Donnerstag) Barbam jovis (Dachhauswurz), am freytag Capillos Veneris (Frauenhaarfarn). Daruß machen sy dann salben mit mischung ettlichs pluotz von vogel (unter Beimischung von Vogelblut), auch schmaltz von tieren; das ich als nit schreib, das yemant darvon sol geergert werden. Wann sy dann wöllen, so bestreichen sy penck (Bänke) oder stül, rechen oder ofengabeln und faren dahin. Das alles ist recht Nigramancia (Schwarze Magie), und vast groß verboten ist (und ist strengstens verboten).«

Fledermausblut beigemengt. Das sind eher symbolische Zutaten, die natürlich beim Fliegen helfen sollten. Damit die Salbe schön verstrichen werden konnte, bedurfte es auch eines Fettes. Während Johannes Hartlieb in seinem Rezept vom »schmaltz« der Tiere spricht, war man andernorts der Meinung, dass Menschenfett am besten sei, weil es gut in die Haut einziehe. Man kann sich vorstellen, dass die Zubereitung ganz schön gruselig war.

Einigen Medizinern und Forschern haben die Hexensalben keine Ruhe gelassen. Einer von ihnen war der Italiener Giambattista della Porta. Er lebte von 1535 bis 1615 und experimentierte mit verschiedenen Rezepten. In seinem Buch »Alchemie« hielt er die Ergebnisse fest: Die Versuchspersonen fielen in tiefen Schlaf und erzählten beim Erwachen, sie seien weit gereist und hätten auf wunderbaren Festen getanzt und wild gefeiert. In welchem Ausmaß solche Salben angewendet wurden, ist bis heute nicht geklärt.

Manche Träume fühlen sich so wirklich an

Unter normalen Umständen sortiert unser Gehirn alle Reize danach, ob sie von außen oder von innen kommen. Wir können, wenn wir uns in einem normalen Wachzustand befinden, unterscheiden, ob wir uns eine riesengroße süße Sahnetorte nur vorstellen oder ob sie wirklich vor uns auf dem Tisch steht und gleich von uns angeschnitten und aufgefuttert wird. Der süße Vanillinduft und das Rot der Kirschen werden über die Nase und die Augen an den Thalamus geleitet, an den größten Teil unseres Zwischenhirns. Der Thalamus filtert die Reize und schickt sie ans Großhirn, von dort geht es weiter zum Stirnhirn. In dieser Gehirnregion werden die Reize, die von außen kommen, von den Gedanken und Erfahrungen unterschieden, die schon im Hirn sind – also die Erinnerungen an all die leckeren Torten, die wir schon gegessen haben. Das Stirnhirn hat aber nur eine begrenzte Kapazität. Wenn also zu viele Reize auf diesen Bereich einstürmen, dann meldet er das an den Thalamus. Ist das der Fall, macht der die Schotten dicht. Wenn jemand sich nun aber mit einer Hexensalbe eingerieben und Zauberpilze gegessen hat oder stundenlang herumtanzt, dann verändert sich das Bewusstsein: Die Rückkoppelung zwischen Stirnhirn und Thalamus wird unterbrochen. Die Meldung: »Es reicht jetzt mit den Reizen«, kommt bei der Zwischenhirnregion nicht an. Die Folge: Der Thalamus schickt mehr und mehr Informationen auf den Weg. Das arme Stirnhirn wird regelrecht überflutet und kommt mit der Sortierarbeit nicht mehr nach. Bloße Gedanken und Reize der Wirklichkeit sausen auf einmal unterschiedslos durch das Gehirn. Alles geht durcheinander: Echte und eingebildete Sahnetorten sind identisch. All die Vorstellungen und Wunschbilder erscheinen wie wirklich Erlebtes. Für den Flugtraum bedeutet das, ihn steuern zu können. Zwar träumt man, man würde fliegen, aber das Gehirn ist so wach, dass es selbst entscheidet, wohin die Reise geht. Zugleich hat es aber vergessen, dass es bloß ein Traum ist.

Dann sind die Schamanen also bloß begabte Träumer und Schwindler? Und die moderne Wissenschaft hat auch diesem Spuk ein Ende gemacht? Was würde der Schamane erwidern, wenn man ihm sagt, dass er das alles doch bloß träume?

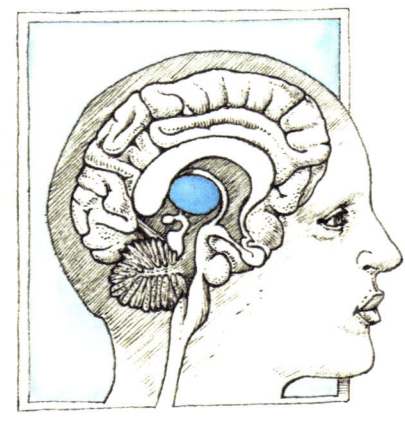

THALAMUS

Mit Thalamus bezeichnet man eine Region im Gehirn, in die sämtliche Informationen, die aus den Nervenzellen stammen, geleitet werden. Man nennt diesen Bereich auch das »Tor zum Bewusstsein«, denn er steuert die weitere Verarbeitung der Reize im Gehirn.

Er würde wahrscheinlich sehr verständnislos den Kopf schütteln, denn das weiß er selbst am besten. Schließlich hat er sich ganz schön angestrengt, um in die Traumzeit zu gelangen. Für die Schamanen, die Inuit und auch die Benandanti, die wir noch kennenlernen werden, waren die Reisen, die sie im Traum unternahmen, und die Erlebnisse, die sie dabei hatten, genauso wirklich wie die Krankheiten oder Probleme, die sie damit zu bekämpfen suchten.

In vielen Kulturen ist die Trennung zwischen der wachen Wirklichkeit und der Welt der Träume nicht so strikt wie bei uns. Die Götter, Geister und Seelen, die der Schamane trifft und von denen er berichtet, haben eine andere Realität, die er niemals anzweifeln würde. Bevor der Schamane als solcher arbeiten darf, durchläuft er nämlich eine jahrelange Lehrzeit. Er lernt alle Götter und Geister mit Namen kennen, dazu ihre Eigenschaften. Muss er doch wissen, ob sie gut sind oder böse und wie man mit ihnen zu sprechen hat. Aber auch der Weg ins Reich der Toten sowie der Rückweg werden ihm genau beschrieben und erklärt. Außerdem erlernt der Schamane die Ekstase, und er wird Meister darin, seine Träume zu deuten und für die Menschen zu übersetzen. Das bedeutet, dass das, was der Schamane in der Traumzeit erlebt, ein gemeinschaftliches Gut ist.

Die Schamanen träumen alle von denselben Geistern und können sich deshalb auch sehr fachmännisch über sie unterhalten. Aber ist der Schamane deshalb nicht doch nur ein Träumer? Ja, er ist ein Träumer. Aber so, wie wir alle Träumer sind. Denn auch unser Denken und Erleben wird bestimmt von den Vorstellungen und Wünschen, die wir uns durch Kino, Bücher oder Beobachtungen gemacht haben. Tojon Kötör – ein schamanistischer Geist – ist genauso wirklich oder unwirklich wie Harry Potter. Und was würden wir antworten, wenn ein Schamane zu uns sagen würde, Harry Potter sei doch bloß eine Erfindung?

Das Geheimnis um die Benandanti

Die Benandanti sind für die Hexenforschung so wichtig wie der Quastenflosser für die Evolutionsbiologie. Was wir über die Benandanti wissen, verdanken wir zum einen den Inquisitoren, die unglaublich gründlich waren und alle Verhöre von Anfang bis Ende genau aufgeschrieben und aufbewahrt haben. Und zum anderen einem Herrn namens Carlo Ginzburg, der vor einigen Jahren all diese Dokumente aus italienischen Archiven ausgegraben hat, was eine große Leistung ist. Denn die italienischen Bibliothekare machen Mittagspause von 11.30 Uhr bis 16 Uhr. Und überhaupt bekommen sie ganz schnell schlechte Laune, wenn einer überhaupt etwas ausleihen will – vor allem, wenn es sich um vierhundert oder fünfhundert Jahre alte Schriften handelt. Bereitet das doch viel Mühe.

Carlo Ginzburg ist ein bekannter italienischer Historiker und Kulturwissenschaftler, und er ist der Meinung, es könne nicht sein, dass sich die Inquisitoren den ganzen Hexensabbat mit allen Details nur ausgedacht hätten. Nachdem die Hexenverbrennerei verboten worden war und in ganz Europa das Licht der Aufklärung erstrahlte, die den Gebrauch der Vernunft propagierte, waren natürlich erst einmal alle der Meinung, dass die Schandtaten, die die Hexen angeblich gestanden hatten,

QUASTENFLOSSER

Lange Zeit glaubte man, dass der Quastenflosser – das bekannteste lebende Fossil – vor Millionen von Jahren ausgestorben sei. Die Entdeckung eines Quastenflossers in einem Fischernetz im Jahr 1938 war eine große Sensation. Dieses Tier ist ein Lungenfisch. Es bildet das entwicklungsbiologische Bindeglied zwischen den Fischen und den Landsäugetieren und ist daher ein wichtiger Beleg für die Evolution.

niemals stattgefunden hätten und allein durch die Androhung von Folter zu erklären seien. In dieser Hinsicht können die aufgezeichneten Verhöre der Benandanti als großer Glücksfall betrachtet werden, denn sie zeigen, dass durchaus nicht alles der Fantasie der Inquisitoren entsprungen war und es tatsächlich in Europa Personen gab, die sich in der Nacht auf Traumreisen begaben. Das waren die Benandanti. Aber nun erst einmal von vorn: Wie wurde man Benandante und was taten sie bei ihren nächtlichen Ausfahrten?

Benandante wurden all diejenigen, die »im Hemd« auf die Welt kamen. Was bedeutet das? Sehr selten geschieht es, dass die Eihülle, in der das Baby im Bauch der Mutter heranwächst, während der Geburt nicht zerstört wird. Das Baby flutscht also in dieser Hülle auf die Welt. Weil das so selten ist und die Kinder wie bekleidet – also geschützt – geboren werden, sagt man auch, dass sie eine Glückshaube haben. Nicht nur in Italien, auch in Deutschland glaubte man, dass diese Kinder unter einem besonders glücklichen Stern geboren wurden. Es war also bereits bei der Geburt klar, ob jemand in seinem späteren Leben ein Benandante wurde.

Einer, der zu ihnen gehörte, hieß Moduco. In seinem Verhör berichtete er, wie es ihm ergangen war, als bei ihm zum ersten Mal der Anführer der Benandanti erschien, um ihn zu Kämpfen mitzunehmen. Es war ein Hauptmann aus Verona, der einen roten Bart hatte und von stattlichem Wuchs war. Zudem schlug er die Trommel und trug eine vergoldete Fahne mit einem Löwen. Moduco wollte diesem Hauptmann zuerst nicht folgen. Der jedoch bat ihn ganz freundlich: »Lieber Moduco, erheb dich.« Und danach hatte Moduco das Gefühl, als ob er schliefe und doch nicht schliefe, als er dem Rufenden nacheilte.

Was aber taten die Bendandanti bei ihren nächtlichen Streifzügen? Sie kämpften gegen Stregoni. Die Stregoni waren die Bösen, und bei den gewaltsamen Auseinandersetzungen ging es um eine gute Ernte: Dabei benutzten sie als Waffe Fenchelstängel und die gegnerischen Stregoni Hirsestängel. Moduco beschrieb das Ganze so: »Wenn wir Sieger bleiben, ist es ein Jahr des Überflusses, und wenn wir verlieren, herrscht Notdurft in diesem Jahr. Bei unseren Kämpfen streiten wir einmal um den Mais und alles Getreide, ein andermal um das Gemüse, bisweilen um die Weine; und so wird viermal im Jahr um alle Früchte der Ernte gekämpft.« Es kam vor, dass die Stregoni, wenn sie klein beigeben mussten, so schlecht gelaunt waren, dass sie nachts, auf dem Heimweg, in Häuser einbrachen. Wenn sie dort kein Wasser gegen ihren Durst fanden, pinkelten sie in alle Weinfässer, sodass der Wein umkippte und wie Essig schmeckte. Igitt. Deshalb sahen die Leute zu, dass an den Tagen der großen Gefechte eine Kanne Wasser auf dem Tisch stand – zur Sicherheit. Man wusste ja nie, ob mürrische Stregoni vorbeikamen.

Manche Pfarrer waren einigermaßen beunruhigt über das Treiben der Benandanti. Die Inquisition war in vollem Gange, und die Geistlichen waren verpflichtet, verdächtige Personen zu melden.

> **BENANDANTI**
>
> Dieses aus dem Italienischen stammenden Wort bedeutet »Wohlfahrende«. Das heißt: Die Benandanti fuhren zum Wohl der Gesellschaft aus (überwiegend nachts). Sie lebten im 16. und 17. Jahrhundert in einer Gegend, die sich Friaul nennt und nördlich von Venedig liegt. Die meisten von ihnen waren einfache Leute, Bauern und Handwerker.

Einer der Inquisitoren hieß Fra Felice da Montefalco. Schon seine Bezeichnung konnte Furcht einflößen: »Doktor der heiligen Theologie und Generalinquisitor der häretischen Verkehrtheit im ganzen Patriarchat von Aquileia und der Diözese von Concordia, Sonderbeauftragter beim Heiligen Apostolischen Stuhl.« Der Einfachheit halber nennen wir ihn Fra Felice. Am 27. Juni 1580 nahm er einen Fall auf, den ihm sein Vorgänger hinterlassen hatte. Es ging dabei um zwei junge Kerle: Gasparo und jenen schon bekannten Moduco, die von sich behaupteten, Benandanti zu sein. Fra Felice war ein erfahrener Inquisitor. Er hatte schon viele Verhöre durchgeführt, den »Hexenhammer« gründlich gelesen, einige Hexen überführt und auf den Scheiterhaufen gebracht. Mit Hexen, dem Teufel und ihrem Treiben auf dem Hexensabbat kannte er sich also bestens aus. Gasparo und Moduco waren ihm nicht ganz geheuer.

Um der Sache auf den Grund zu gehen, bestellte er sie zum Verhör. Streng fragte Fra Felice Gasparo, ob es denn stimme, dass er Benandante sei und was das heiße. Gasparo antwortete: »Man sagt, ich fahre aus. In der Nacht vom Mittwoch auf den Donnerstag fahren wir aus auf gewisse Felder. Wir kämpfen für den Glauben an Gott und tragen Fenchelstängel …« Der Inquisitor unterbrach ihn unwirsch: »Fahrt ihr in Gesellschaft von Frauen aus, und wird dort auch getrunken und gespeist?« Der Benandante antwortete ruhig: »Nein, wir fahren nur aus, um zu kämpfen, und wenn wir uns gut halten, dann geben uns die Stregoni einzig tüchtige Ohrfeigen.« Fra Felice war ziemlich verwirrt, denn was der Benandante erzählte, passte gar nicht in seine Vorstellung vom Hexensabbat. Deshalb fragte er hinterhältig: »Dich dünkt also, dass ihr kämpfet. Aber für welchen Gott kämpfet er?« Der brave Gasparo antwortete, fast feierlich: »Für den Gott, der lebendig erhält, welcher der wahre Gott ist, den wir Christen alle kennen: Vater, Sohn und Heiliger Geist.«

Fra Felice wurde einfach nicht schlau aus Gasparos Antworten. Er konnte sich nicht vorstellen, dass einer im Traum reiste. Und die Tatsache, dass die Leute sagten, Gasparo könne böse Zauber bannen und verhexte Kinder heilen, machte ihn umso verdächtiger. Wie konnte er sich denn nachts mit Stregoni treffen? Fra Felice drohte Gasparo nun mit Galeerenhaft und Schlimmerem, wenn er nicht endlich mit der Wahrheit herausrücke. Doch Gasparo blieb bei seiner Meinung, sagte, er sei Benandante und kämpfe für den Glauben und eine gute Ernte. Resigniert gab der Inquisitor schließlich auf und verurteilte Gasparo zu folgenden Strafen: 1. Sechs Monate Kerker. 2. Fasten an jedem Freitag. 3. Sünden bekennen und die allerheiligste Eucharistie zerknirscht empfangen. 4. Das Hemdchen – die Glückshaube – zum heiligen Offizium (der Inquisitionsbehörde) schicken. Oje, das war zwar schlimmer als Hausarrest und Fernsehverbot, aber immer noch besser als Scheiterhaufen. Außerdem behielt sich Fra Felice da Montelfaco, Doktor der heiligen Theologie und Generalinquisitor, die Möglichkeit der völligen oder teilweisen Bußmilderung oder des Bußerlasses vor, so wie es ihm dünkte. Und das klang doch schon fast versöhnlich.

Das, was die Benandanti bei ihren Nachtfahrten betrieben, wird heute als Fruchtbarkeitsritus bezeichnet. Ihr Kampf um eine gute Ernte war Teil eines heidnischen Glaubens. Die Verhöre, die Herr

> **GEISTREISE**
>
> Die Frau eines Benandante berichtete, dass ihr Mann dreimal schrecklich stöhnte, wenn sein Geist ihn verließ, als wenn er sterben würde. Danach lag er bis zum Morgengrauen da, ohne sich zu rühren. Auf keinen Fall durfte man den Körper umdrehen, denn sonst, so hieß es, könne der Geist nicht in den Körper zurückkehren und der Benandante bleibe tot.

Ginzburg dokumentiert hat, zeigen, wie das heidnische Traumzeitritual immer mehr mit dem Hexensabbat verglichen wurde und man die Benandanti schließlich mit den Hexern gleichsetzte, gegen die sie ursprünglich kämpften.

Wie stark die Benandanti von den Inquisitoren unter Druck gesetzt und manchmal sogar ausgetrickst wurden, beweist ein Verhör mit Paolo Gasparutto. Fra Felice, der Inquisitor, fragte ihn: »Wer hat euch angewiesen, in die Kompanie dieser Benandanti einzutreten?« Gasparutto erwiderte darauf: »Der Engel des Himmels. Es mögen vier Stunden des Nachts im ersten Schlaf gewesen sein, da erschien mir ein Engel ganz in Gold … und er rief mich, und der Geist ging hinaus. Er rief mich mit Namen und sagte: ›Paolo, ich werde dich als Benandante wegschicken, und du musst für das Getreide kämpfen gehen.‹ Ich antwortete ihm: ›Ich werde gehen und bin gehorsam.‹« Offensichtlich hatte der Benandante Angst bekommen und statt – wie Moduco – weiterhin den rotbärtigen Haupt-

---

TRANCEGEFECHTE

Nach Carlo Ginzburgs »Entdeckung« der guten Zauberer in Friaul, die gegen die bösen Hexen kämpfen, folgten weitere Untersuchungen, die zu ähnlichen Ergebnissen kamen. Studien von baltischen Volkskundlern konnten Parallelen zu den »kresnik« aus dem heutigen Ex-Jugoslawien und den ungarischen »táltos« aufzeigen. Die »kresnik« kämpften nachts in verwandelter Gestalt gegen die Hexen, die als weißes Tuch flohen. Diese Gefechte vollführten die »kresnik« in Trance: Während der schlafende Körper bewegungslos dalag, wüteten die Seelen in Tiergestalt gegen die Hexen.

mann zu nennen, sprach er nun von einem »goldenen Engel«. Er hoffte dadurch vor dem strengen Fra Felice christlicher zu erscheinen. Dass er damit genau das Falsche tat, ahnte er nicht. Nun war es ein Leichtes für den Inquisitor, in jenem Engel den verkleideten Teufel zu erkennen und dem Benandante zu unterstellen, beim Hexensabbat gewesen zu sein.

Warum küsste Michele Soppe dem Teufel den Hintern?

Lange weigerten sich die Benandanti, über die Stregoni – die Hexen und Hexer – zu sprechen. Wenn man einen Benandante danach fragte, sagte er stets, er dürfe darüber nichts verlauten lassen, weil er sonst von den Stregoni geschlagen würde. Daran hielten sich die Benandanti auch über viele Jahrzehnte – und in dieser Zeit gelang es nicht, ihnen nur einen einzigen Namen von einem Hexer oder einem anderen Benandante zu entlocken. Darin waren sie zunächst wirklich eisern. Im Laufe der Jahre änderte sich jedoch ihr Verhalten. Woran das lag, ist nicht ganz klar. Sie wurden aber zunehmend als Heilkundige und Zauberbanner gefragt. Man nahm ihre Dienste in Anspruch, wenn man glaubte, verhext worden zu sein. Das wiederum führte dazu, dass die Benandanti unter Druck gesetzt wurden: Um zu beweisen, dass sie auf der Seite des Guten standen, zeigten sie die Hexen an. Dadurch lösten sie natürlich bei den Betroffenen, die nichts davon wussten, dass sie in den Träumen von anderen böse Dinge anstellten, großen Ärger aus. Aus diesem Grund kamen die Benandanti selbst in den Verdacht, Hexer zu sein.

EIN FAUSTSCHLAG FÜRS HEILEN

Ein junger Benandante behandelte ein krankes Kind erfolgreich, indem er Fenchel und Knoblauch unter das Kopfkissen legte. So konnte der Junge endlich wieder ruhig schlafen und sich erholen. Der Vater des Kindes fragte daraufhin den Benandante, wie er es denn anstelle, den bösen Zauber der Hexen zu bannen. Der Benandante gab ihm freundlich Auskunft, doch auf einmal floss Blut aus seinem Mund. Der Mann fragte besorgt, woher das Blut komme, und der Benandante antwortete, dass ihm ein Faustschlag ins Gesicht versetzt worden sei. »Aber hier ist doch niemand außer uns«, erwiderte der Mann erstaunt. Eine Hexe sei da gewesen, sagte der Benandante, die aber nur er sehen könne. Sie sei sauer gewesen, weil man über sie gesprochen habe.

Im Jahr 1621 gerieten in Udine – einer Kleinstadt im nördlichen Italien – ein Benandante und ein Mann namens Alessandro Marchetto in Streit. Marchetto hatte den Benandante rufen lassen, weil sein Vetter schwer erkrankt war, es bestand Verdacht auf Hexerei. Der Benandante hieß Giovanni und war ein Hirtenjunge. Auf dem langen Weg zu dem Kranken maulte er, weil man ihn für diesen Job ausgesucht hatte. Als er am Haus von Marchetto ankam, weigerte er sich, in dieses hineinzugehen. Marchetto, ein gebildeter Mann, der eigentlich nicht viel von Zauberei und Hexen hielt, musste bitten und betteln. Das tat er, weil er in großer Sorge um seinen Vetter war, da ihm weder der Arzt noch der Pfarrer helfen konnte. Der junge Giovanni war seine letzte Hoffnung.

Marchetto fragte ihn, ob er sich auf Hexerei und Verzauberung verstehe – der Benandante bejahte dies. Und als Marchetto von ihm wissen wollte, ob sein Vetter das Opfer von Hexerei sei, sagte Giovanni, dass er darüber nicht sprechen könne. Daraufhin wurde Marchetto sehr wütend. Er beschimpfte den Benandante, nannte ihn einen Lügner und drohte ihm Schläge an, wenn er nicht mit der Wahrheit herausrücke. Aber Giovanni ließ sich nicht beirren. In der Folge änderte Marchetto seine Taktik. Er wählte einen sanften – aus der Sicht von Marchetto einen ironischen – Ton und fragte, wie Giovanni denn überhaupt Benandante geworden sei. Giovanni antwortete ihm ehrlich und arglos, dass er eines Abends mit Namen gerufen worden sei und dass er seitdem regelmäßig zu den Treffen fahren müsse.

An dieser Stelle konnte sich Marchetto nicht weiter beherrschen und bekam einen erneuten

Wutanfall: Was das denn heißen solle? Ob er keinen freien Willen habe? Niemand könne jemanden zwingen, irgendwohin zu fahren. Wenn er etwas wisse, solle er es gefälligst sagen. Er glaube ihm kein einziges Wort. Als der zornige Marchetto ihn schließlich einen Hexer nannte, fing Giovanni an zu weinen. Er gab zu, dass der Vetter tatsächlich das Opfer einer Hexe sei, die im Nachbarhaus wohne und dick und alt sei. Niedergeschlagen bat er darum, entlassen zu werden. Als man ihm diesen Wunsch gewährte, kehrte er nach Hause zurück.

Im christlichen Weltbild geht man von einem freien Willen des Menschen aus. Was nichts anderes heißt, als dass der Mensch sich für das Gute oder für das Böse entscheiden kann. Es steht ihm frei, ein guter Christ zu sein oder einen Pakt mit dem Teufel zu schließen. Die Ausführungen der Benandanti passten aber überhaupt nicht in dieses Bild. Wie konnte man gezwungen werden, etwas zu träumen? Oder im Traum für das Gute zu kämpfen? Entweder man träumte etwas, dann war man unschuldig, oder man hatte sich für die Sünde entschieden, dann war man des Teufels. Die Benandanti waren danach entweder harmlose Spinner oder gefährliche Hexer. Die Möglichkeit, gläubige Träumer zu sein, die in ihren Nachtreisen für den christlichen Gott kämpften, ließ das damalige Denken nicht zu – und wahrscheinlich wäre das auch heute noch nicht möglich. Wir bestehen auf einem Entweder-oder. Entweder geträumt oder wirklich erlebt. Dazwischen gibt es nichts.

Aber noch ein anderes Denkmuster durchbrachen die Benandanti: die Idee, dass jeder Mensch für seine Taten verantwortlich ist – im Guten wie im Schlechten. Die Benandanti behaupteten ja von sich, dass sie für eine gute Sache stritten, nämlich für eine ausreichende Ernte. Aber gleichzeitig gaben sie kund, dass sie das tun müssten. Dass sie dazu gerufen würden und dann zu folgen hätten. Sie sagten damit, dass sie für ihre guten Taten eigentlich nicht verantwortlich gemacht werden konnten. Das stellte das christliche Menschheitsideal auf den Kopf. Man konnte es nur als verrückt bezeichnen: Diese Leute verrichteten Gutes – und betonten gleichzeitig, dazu gezwungen worden zu sein. Man kann sich vorstellen, dass das die Inquisitoren, deren Weltbild von Himmel und Hölle bestimmt war, einigermaßen verwirrte.

Die Benandanti waren davon überzeugt, dass sie nichts Böses machten. Die Inquisitoren jedoch sahen sich als mächtige Autoritäten, und es gelang ihnen mit der Zeit, den Benandanti einzureden, dass das, was sie erlebten, des Teufels sei und sie dem abzuschwören hätten – was viele auch brav taten.

Michele Soppe nannte sich ebenfalls einen Benandante. Ihm wurde im Jahr 1647 der Prozess gemacht, nachdem sich mehrere Leute über ihn beschwert hatten. Er war als Zauberbanner sehr gefragt, dennoch hatte er sich unbeliebt gemacht. Zum einen, weil er sich hin und wieder weigerte, bestimmte Personen zu behandeln, zum anderen, weil er mal diese, mal jene Frau als Hexe denunzierte. Eine Bäuerin aus Tissano, auch im Friaul gelegen, erzählte über ihn: »Alle sagen, er sei Hexer, und noch mehr denn ein Hexer, dieweil er nicht nur die Zauber bewirken, sondern auch bannen könne.« Die Gerüchte um Michele wurden schließlich so wild, dass der Inquisitor eingriff und ihn verhörte.

Am meisten trieb Fra Felice folgende Frage um: »Woher bekommt Michele Soppe die Macht, Zau-

---

DER RITT AUF DEM ZIEGENBOCK

Wie die Benandanti auf die Wiese kamen, auf der sie gegen die Stregoni kämpften, war sehr unterschiedlich. Manche sprachen von einem Hahn, andere von einem Hasen, auf dem sie dorthin ritten. Auch von einem Ziegenbock oder einem Schwein mit langen Haaren war die Rede. Es ist zu vermuten, dass die Benandanti mit ihren Träumen die Bilder und Vorstellungen vom Hexenritt mitgeprägt haben.

ber zu bannen und verhexte Kinder zu heilen?« Die Antwort wusste der Inquisitor natürlich längst: Michele erhielt sie vom Teufel! Doch nun galt es, dies auch im Verhör in Erfahrung zu bringen. Michele Soppe erklärte Fra Felice zunächst, er bewerkstellige die Heilung dadurch, dass er die Hexe umstimme: »Ich ging, um die Hexe zu finden, die den Zauber an jener Kreatur bewirkt hatte. Ich bat sie, ihn zu bannen, und sie bannte ihn um meinetwillen, und nachdem der Zauber gebannt war, gesundete das Geschöpf.« Der Inquisitor war mit dieser Antwort selbstverständlich nicht zufrieden und bohrte weiter nach. Michele aber bestand darauf, dass die Hexen aus Liebe zu ihm die Schadenszauber, die sie ausgeführt hatten, selbst wieder bannten und zurücknahmen. Der Inquisitor wiederum ließ nicht locker und verwickelte Michele in Widersprüche, die darauf abzielten, ihm den Umgang mit dem Teufel und anderen Unholden nachzuweisen.

Michele wurde immer verwirrter. Er konnte die Frage, warum die Hexen ihm zu Willen waren, nicht befriedigend beantworten. Nachdem er zunächst vermutet hatte, dass die Hexen es taten, weil der Teufel es wollte, sah er schließlich ein, dass der Inquisitor recht hatte. Dieser hatte ihn nämlich zuvor gefragt: »Hast du vielleicht einen Pakt mit dem Teufel geschlossen?« Michele stimmte nun zu. »Ja, ich habe einen Pakt mit dem Teufel geschlossen und ihm meine Seele versprochen.« Und auf einmal sprudelte es aus ihm heraus: Der Teufel habe ihn gefragt, ob er ihm seine Seele schenke, und er, Michele, habe daraufhin ja gesagt. Das sei bei zwei Treffen passiert. Viele Hexen und Hexer seien anwesend gewesen und hätten zugeschaut. Danach habe der Teufel ihn aufgefordert, seinen Glauben an Jesus Christus zu verleugnen. Er habe auch das getan. Dann hätten alle Hexen und ebenso er selbst dem Teufel den Hintern geküsst. Dabei hätten sie vor dem Teufel in Eselsgestalt niedergekniet und seinen Schwanz angebetet. Mit diesem Geständnis war der Inquisitor natürlich hoch zufrieden. Alle Widersprüche, in die sich Michele zuvor verstrickt hatte, waren damit ausgeräumt. Das Verhör konnte beendet werden.

Der Fall Michele Soppe ist von großer Bedeutung, denn er zeigt, wie die Benandanti sich im Laufe von hundert Jahren von Wohlfahrenden in Zauberbanner und schließlich in Hexer verwandelten. Dass trotzdem kaum ein Benandante auf dem Scheiterhaufen landete, lag an einem historischen Zufall: Zu der Zeit nämlich, als die Benandanti verhört wurden, war man in Italien mit Hexenverbrennungen schon sehr vorsichtig. Die Berichte von den ausufernden Hexenjagden in Deutschland hatten in Rom zu der Auffassung geführt, dass nur nach ganz genauer Prüfung so hart durchgegriffen werden dürfe. Lieber beließ man es bei einer langen Liste von Strafen, bevor man einen Scheiterhaufen entzündete.

Warum kamen Ziegenböcke, Ofengabel und Dreizack bei den Hexen aus der Mode?

Wir wissen nun schon einiges über den Hexenflug, über den Blocksberg und die Himmelsleiter, über Teufel, Tollkirsche und Thalamus. Stregoni, die Ohrfeigen verteilen. Traumzeiten und Flugträume. Überall auf der Welt fliegen die Hexen, aber nur in Deutschland, Italien oder Frankreich reiten sie auf

Besenstielen durch die Luft. Die Erklärung für den Besenritt muss deshalb in der abendländischen Kulturgeschichte liegen.

Der Grund, weshalb die europäischen Hexen auf den Besen umstiegen, hängt wahrscheinlich damit zusammen, dass die Hexerei Mitte des 15. Jahrhunderts immer mehr mit Frauen identifiziert wurde. Der Besen galt als Symbol für das weibliche Geschlecht, repräsentierte er doch die Arbeit der Frauen in ihrer häuslichen Umgebung. Der Besen war also das passende Gefährt für die zunehmend weiblichen Hexen, denn er stand ja immer griffbereit in der Nähe. Sehr praktisch!

Darüber hinaus verkörperte der Ritt auf dem Besen aber auch die Umkehrung der weiblichen Tugenden: Statt mit dem Besen sittsam die Zimmer zu fegen, ritt die Hexe damit zur Party. Das war genau das Gegenteil dessen, was man damals von einer anständigen Frau erwartete. Und gerade die Kirchenväter vermuteten, dass der Hexensabbat benutzt wurde, um wilde Orgien zu feiern, bei denen die Hexen mit dem Teufel Unzucht trieben. Der Hexensabbat war also stark mit sexuellen Vorstellungen aufgeladen. Der Besen, auf dem die Hexe zu diesem Ort ritt, galt als Phallussymbol, war also der Hinweis auf einen erigierten Penis. Womit die Hexe ein ums andere Mal demonstrierte, dass sie auf die christliche Moral pfiff.

> **WALPURGISNACHT**
> In Goethes »Faust« heißt es:
> »Chor der Hexen und Hexenmeister:
> Es trägt der Besen, trägt der Stock
> Die Gabel trägt, es trägt der Bock
> Wer heute sich nicht heben kann,
> Ist ewig ein verlorener Mann.«

Die zahlreichen Darstellungen, die es von Hexenfahrten und dem Hexensabbat gibt, zeigen, dass die Flugkörper sehr vielfältig waren und die Hexen keineswegs ausschließlich auf Besen durch die Gegend ritten. Bevor sich der Besen als bevorzugtes Transportmittel durchsetzte, reisten die Hexen auf allen möglichen Gegenständen und Tieren. Von Hasen, Hähnen, Schweinen und Ziegenböcken war schon die Rede, aber auch ein Dreizack wurde nicht verschmäht. Und eine Ofenbank oder ein einfaches Brett kam ebenfalls infrage.

Eine von vielen gesammelten Geschichten, die sich das Volk über Hexen erzählte, stammt aus Mecklenburg und heißt »Hexenritt«. Hier war die Hexe auf einem Besen unterwegs:

»In dem Dorfe Spornitz bei Parchim wohnte ein Bauer, dessen Frau eine Hexe war. Wie es Mainacht ward, machte sie dem Schäferknechte des Bauern den Vorschlag, mit ihr auf den Blocksberg zu reiten. Der Knecht, der sehr neugierig war, ging darauf ein. Er musste sich, wie seine Herrin auch, auf einen Besenstiel setzen und ihr die Worte ›Auf und davon und nirgends an!‹ nachsprechen. Er verhörte sich aber und sagte ›und allenthalben an‹. Und so stieß er denn unterwegs überall an, während die Bäuerin ungehindert über alles wegsauste. Auf dem Blocksberg angekommen, finden sie alle schon versammelt, einige tanzen, andere machen Musik, so schön, wie er sie noch nie gehört. Auch ihm wird eine Trompete gegeben, und obgleich er nie auf einem Instrument geblasen, blies er doch besser als der Parchimer Stadtpfeifer bei Hochzeiten oder Erntebier. Als der Morgen graute, bestiegen alle ihre Besen, die Bauersfrau und der Knecht auch. Der Knecht bittet sich aus, die Trompete mitnehmen zu dürfen. Diesmal sagt er die Worte richtig nach und kommt auch ungehindert zu Haus an. Wie er am Morgen die Trompete, die er neben sich gelegt, nehmen will, ist es ein Katzenschwanz gewesen.«

Von diesen Geschichten gibt es unzählige, sie variieren von Region zu Region. Ein Grundmuster taucht aber immer wieder auf: Eine Hexe reitet entweder allein oder mit jemandem zusammen zu einem Fest. Dieser Flug wird mit magischen Mitteln bewerkstelligt – einem Spruch, einem Besen, einem Zauber. Zielpunkt der Reise ist eine lustige Gesellschaft, wo getanzt, gesungen und vor allem unheimlich viel gegessen wird. Plötzlich verschwindet alles. Das geschieht durch den Schlag der Kirchenglocken, einen frommen Spruch oder weil der Morgen hereinbricht. Die ganze Party war nur ein Spuk. Was zuvor kostbarer Schmuck war, wird zu Schweineklauen, der köstliche Braten verwandelt sich in Kuhscheiße.

Während sich das Volk über den Hexenflug eher lustig machte, nahmen die Dämonologen, die Hexentheoretiker, ihn sehr ernst – todernst. Sie schrieben dicke und gelehrte Bücher, manche sogar in Latein. Ein solcher Mann war Martin Anton Delrio, ein angesehener Jesuitenpater, der im Jahr 1599 ein Hexentrak-

> **EINE VOLKSSAGE AUS BADEN**
>
> Am Walpurgistag ging einst in der Morgendämmerung ein Markgraf aus dem Rastatter Schlosse mit einem Hofherrn auf die Jagd. Als sie vor die Stadt kamen, ertönte die Betglocke, und da hörten sie etwas Schweres in ein nahes Gebüsch herabfallen. Beim Nachsehen fanden sie eine nackte Frau aus Rastatt, welcher der Markgraf seinen Mantel gab, damit sie heimgehen konnte. Gleichwohl merkte er, dass sie eine Hexe sei, die auf ihrer nächtlichen Fahrt sich verspätet hatte und beim Frühgeläute aus der Luft niedergefallen war.

tat veröffentlichte. Wir wissen nicht genau, woher er seine Informationen bezog, ob er alles mit eigenen Augen gesehen oder sein Wissen mehr vom Hörensagen hatte, jedenfalls schrieb er mit dem Segen des Vatikans Folgendes über den Hexenflug: »So also die Hexen, sobald sie sich mit ihren Salben eingerieben haben, auf Stöcken, Gabeln oder Holzscheiten zum Sabbat zu gehen, indem sie entweder einen Fuß darauf stützen und auch auf Besen oder Schilfrohren reiten, oder indem sie von entsprechenden Tieren, männlichen Ziegenböcken oder Hunden, getragen werden ...«

Steht es erst mal schwarz auf weiß da, ist es immer schwer, das Gedruckte anzuzweifeln. Es kommt so bedeutungsvoll daher. Dicke, verstaubte und alte Bücher strahlen eine unglaubliche Autorität aus. Der Autor wird sich doch beim Aufschreiben etwas gedacht haben? Kann man das einfach infrage stellen? Nicht nur die Buchstaben schienen für Wahrhaftigkeit zu sprechen, auch die zahlreichen Illustrationen und Darstellungen des Hexenflugs in Büchern, die besonders in den Jahren um 1490 gemacht wurden, prägten das Bild von den Hexen lange Zeit. Aber letztlich musste man sich über so viele dargestellte Verrücktheiten doch lustig machen, oder?

Einer, der das ganz besonders gern tat, war Hans Jakob Christoffel von Grimmelshausen, ein deutscher Dichter. In seinem Roman »Der Abenteuerliche Simplicissimus« beschreibt er einen Hexenflug. Es ist ein Schelmenroman, und ein Schelm ist so etwas wie ein Schwindler, aber kein böser, sondern ein netter. Was in einem Schelmenroman steht, ist also nicht ganz ernst gemeint, obwohl es manchmal sehr überzeugend klingt. Und so erzählt

Grimmelshausen, wie der Held des Buches, ein junger Mann mit Namen Simplicius, eines Tages nach Hexenart losfliegt.

Die Art und Weise, wie das hier dargestellt ist, zeigt, dass der Autor das alles überhaupt nicht ernst nimmt. Deshalb hat er alle Hexenklischees versammelt: Sein Held beobachtet durch ein Fenster heimlich Hexen, die sich in einer Küche auf den Abflug zum Sabbat vorbereiten. Alles findet in einem schwefelig-trüben Licht statt, aber Simplicius erkennt dennoch, dass die Hexen Besen, Stühle und Bänke mit einer Salbe beschmieren, sich anschließend daraufsetzen und zum Fenster hinausfliegen. Obwohl es ihn ganz schön gruselt, beschließt er, nachdem alle Hexen davongeflogen sind, in die Küche zu gehen, in der sich das Ganze abgespielt hat. Mutig setzt er sich rittlings auf die Bank, aber kaum, dass er Platz genommen hat, fliegt sie auch schon los und mit ihm zum Fenster hinaus.

Für die Literaten wurde die Satire immer mehr zu einem wichtigen Mittel, um den Glauben an den Hexenflug als Unfug zu brandmarken. Aber auch in den Naturwissenschaften begann man sich langsam über den Hexenflug lustig zu machen. René Descartes, ein französischer Mathematiker und Philosoph, begründete die mechanistische Naturlehre. Danach können physikalische Körper, zu denen auch die Leiber der Hexen gehören, nur durch physikalische Kräfte bewegt werden. Ein wirklicher Flug durch die Luft mit magischen Mitteln war aus Sicht der modernen Naturwissenschaft unmöglich. Das Reich des Immateriellen und das Reich des Materiellen waren von nun an streng getrennt. Rein geistige Dinge wie Sprüche, Geister und Magie konnten keinen Einfluss auf

EIN DEUTSCHER SCHELM

Hans Jakob Christoffel von Grimmelshausen lebte von 1622 bis 1667. Er war der wichtigste deutsche Erzähler im 17. Jahrhundert. Meist schrieb er unter einem Pseudonym wie etwa: Philarchus Grossus von Trommenheim, Simon Lengfrisch von Hartenfels oder Melchior Sternfels von Fuchshaim. Sein Roman »Der Abenteuerliche Simplicissimus« erschien im Jahr 1667.

> **WOLKENFLUG**
>
> Eine alte Sage nimmt das Bild der Hexe als Wolke auf: »Der Knabe war fort, und Lieschen war fort, und die Hütte war nicht gefegt, es lag nicht Laub, nicht Holz auf dem Herde. Die Alte war wütend. Sie ergriff einen Besenstiel und rannte aus dem Hause. Sie schlug mit dem Besen an die Türe, da ward das Häuschen unsichtbar; sie trat auf einen Bovist, da wallte eine Wolke empor; sie setzte sich auf ihren Besenstiel und fuhr als Wolke in die Luft. Da sah sie, nach welcher Richtung die Flüchtlinge flohen, und mit Windeseile flog die Wolke ihnen nach.«

physikalische Körper haben. Damit war der Hexenflug erledigt. Es dauerte allerdings noch einige Zeit, bis die letzten Verteidiger des Hexenflugs im Spottgelächter ihrer aufgeklärten Gegner verstummten.

Wurde offiziell nicht mehr an den Hexenflug geglaubt, bedeutete das aber nicht, dass er aus der Vorstellungswelt der Menschen verschwunden war. Ganz im Gegenteil. Nachdem allgemein Klarheit darüber herrschte, dass Hexenflug und Zauberei Aberglaube sind, nahmen sich die Schriftsteller dieser Dinge erst richtig an. Und so erschienen im 18. Jahrhundert jede Menge Zauber- und Märchenbücher mit vielen Hexengeschichten. Man konnte dafür ja nicht mehr bestraft werden. Und in den Märchenbüchern wurde die Hexe immer öfter mit Besen abgebildet, weshalb sich der Besen als bevorzugtes Fluggerät für die Hexe durchsetzte. Heute würde sich kein moderner Kinderbuchautor einfallen lassen, die Hexe auf einem Hund oder einem Holzscheit reiten zu lassen. Und so fliegt zum Beispiel ja auch die kleine Hexe von Otfried Preußler auf einem Besen zur Walpurgisnacht, obwohl ihr die Teilnahme daran noch gar nicht erlaubt ist. Zur Strafe wird ihr der Besen weggenommen und ins Feuer geworfen. Drei Tage und drei Nächte muss sie zu Fuß nach Hause laufen!

Der wahrscheinlich bekannteste Besen kam im Jahr 1998 auf den Markt. Er heißt Nimbus 2000. Und wer fliegt auf ihm? Natürlich Harry Potter, der Sohn einer Hexe. Aber warum hat er so einen komischen Namen? Nennt man normalerweise nicht Staubsauger so? Sicher! Aber wusstest ihr auch, dass Nimbus eigentlich ein lateinisches Wort ist und »Regenwolke« heißt? Auch in der Geschichte von der kleinen Hexe taucht übrigens dieses Motiv

auf. Die Gegenspielerin der kleinen Hexe, die Muhme Rumpumpel spioniert der kleinen Hexe nach und tarnt sich dabei als Wolke. Die Vorstellung, dass Hexen in Wolken fliegen, findet sich in vielen Geschichten. Man sieht also, dass sich jede Generation von Hexenerfindern von alten Sagen und Märchen anregen lässt. Das Bild der Hexe erhält dabei immer neue Facetten, bleibt sich aber auch treu. Die Verbindung von Hexe und Wolke geht natürlich auf die Zeit der Hexenverfolgung zurück. Damals wurden die Hexen oft verdächtigt, schlechtes Wetter zu machen.

So, und nun kommen wir zum letzten und besten Grund, warum Hexen auf Besen reiten: Wenn man einhundert Kinder bittet, eine Hexe zu malen, dann malen neunundneunzig die Hexe mit einem Besen. Ein Besen lässt sich einfach besser zeichnen als ein Ziegenbock oder ein Holzscheit. Und nun: »Auf und davon und nirgends an!«

Warum sind vor allem Frauen Hexen?

Im späten Mittelalter und zu Beginn der Neuzeit gab es nicht wenige Frauen, die sich manchmal sehr sonderbar aufführten. Sie hörten Stimmen, bluteten an den Händen, lachten wie verrückt oder wurden plötzlich ohnmächtig und zitterten am ganzen Körper. Viele dieser Frauen behaupteten, sie seien von Gott erwählt, er persönlich würde zu ihnen sprechen. Für die Menschen war es deshalb oft schwer zu entscheiden, ob sie es mit einer Hexe zu tun hatten oder etwa mit einer Heiligen.

Die Hexen verschwanden aber nicht einfach aus den Köpfen, als der Glaube an sie abebbte. Besonders in vielen Sagen und Geschichten lebten sie weiter. In dem alten Märchen »Hänsel und Gretel« ist die Hexe immer noch sehr böse. Erst in der neueren Kinderliteratur tauchen vor allem gute Hexen auf: die kleine Hexe von Otfried Preußler, Bibi Blocksberg, Will, Irma, Taranee, Cornelia und Hay Lin – die W.i.t.c.h. Diese Hexen sind frech, mutig und eigensinnig, aber überhaupt nicht böse. Ihre magischen Fähigkeiten setzen sie ein, um Gutes zu tun oder sogar die Welt zu retten. Das Image der Hexen hat sich also sehr verbessert.

Was ist gut und was ist böse? Auf den ersten Blick scheint das ganz klar zu sein. Wer Böses tut, ist böse, wer Gutes tut, ist gut. Gerade die Hexen sind aber ein hervorragendes Beispiel dafür, wie sehr die Meinungen über Gut und Böse auseinandergehen können oder sich im Laufe der Geschichte ändern. Wer wusste schon, wie man die Grenze zwischen den Wahnvorstellungen einer Verrückten und den Visionen und Prophezeiungen einer Heiligen zu ziehen hat? Könnte es sein, dass es da fließende Übergänge gab? Und wie war es überhaupt mit diesen Heiligen? Waren sie wirklich so gut, wie alle sagten? Oder waren sie vielleicht auch ein bisschen scheinheilig? Wieso sah man Frauen überhaupt gern als Heilige oder als Hexe an? Lag nicht allein in diesem Denken schon der Hund begraben?

Um auf all diese Fragen eine Antwort zu finden, wurden keine Mühen gescheut. Man führte merkwürdigste Prüfungen durch, stellte irgendwelche Kategorien auf und konsultierte Bücher, um der vermeintlichen Wahrheit auf die Spur zu kommen. Aber all diese Anstrengungen zeigten am Ende nur, dass es immer Menschen sind, die die Entscheidung darüber treffen, was als gut und was als böse angesehen wird. Mit einem Problem: Da manche Leute einflussreicher waren als andere (was heute auch noch zutrifft), nahmen sie sich heraus, eigenmächtig zu beschließen, was zu ihrer Zeit den Stempel gut oder böse bekam.

Das Leben von vielen Frauen war zur damaligen Zeit, also im Mittelalter und in der früheren Neuzeit, sehr schwer, und die Tatsache, dass mehr und mehr Frauen in den Verdacht der Hexerei gerieten, lag nicht nur am »Hexenhammer«, sondern auch an der Rolle der Frau in der Gesellschaft. Aber wie haben Frauen damals überhaupt gelebt? Was wurde von ihnen erwartet? Und wie konnte es sein, dass einige von ihnen heilig gesprochen und andere als Hexe verbrannt wurden, obwohl sie fast das Gleiche getan oder erlebt hatten?

Das nicht ganz leichte Leben der Frauen im Mittelalter

Im Mittelalter und in der frühen Neuzeit war die Gesellschaft nach Ständen geordnet: Es gab Adelige, Bürger, Handwerker und Bauern. Die Adeligen wohnten auf Schlössern, Burgen oder Gütern. Ihren Lebensunterhalt erwirtschafteten die Bauern, die auf den Ländereien der Adeligen arbeiteten. Die Bauern und ihre Familien lebten in kleinen Dörfern und Gemeinden und bestellten die umliegenden Felder, Wiesen und Wälder der Adeligen. In den Städten hatten sich die Handwerker und Bürger niedergelassen, zu denen etwa Kaufleute, Advokaten, Pfarrer und Lehrer gehörten.

Die Lebensbedingungen von Mädchen und Frauen unterschieden sich sehr, je nachdem in welchen Stand sie hineingeboren wurden. Die Tochter eines Bauern hatte als Erwachsene auch einen Bauernsohn zu heiraten. Aber adelige Töchter hatten ebenfalls keine große Wahl. Sie konnten niemals einen Handwerkersohn zum Mann bekommen, selbst wenn sie noch so verliebt waren. Es war nämlich absolut unüblich, außerhalb der eigenen Standesgrenzen eine Ehe einzugehen.

Wie glücklich oder unglücklich das Leben einer Frau letztlich verlief, hing in hohem Maße davon ab, wen sie als Ehemann bekam. War er ordentlich und fleißig und behandelte seine Familie die Angeheiratete gut, hatte sie Glück. Geriet sie aber an einen Trunkenbold und Haustyrannen, konnte sich ihr Dasein leicht in eine Hölle verwandeln. Eine der wichtigsten Aufgaben der Frauen bestand darin, Kinder auf die Welt zu bringen. Das bedeutete in den damaligen Zeiten ein großes Risiko, ganz gleich, ob man Bäuerin, Adelige oder eine Bürgersfrau war, da die medizinischen Kenntnisse noch nicht sehr entwickelt und die hygienischen Verhältnisse oft schlecht waren. Sehr viele Frauen starben an Kindbettfieber, einer Infektion, die während des Wochenbetts auftreten kann. Einen Unterschied gab es jedoch bei den Müttern aus den verschiedenen Ständen: War das Kind gesund auf der Welt, hatten die adeligen Frauen es wesentlich besser als etwa Bäuerinnen. Sie wurden mit seltenen Früchten wie Datteln und Apfelsinen verwöhnt, um wieder zu Kräften zu kommen, während die Bauersfrauen sich

---

MITGIFT

Die Töchter von Kaufleuten wurden von ihrer Familie mit einer Mitgift ausgestattet. Das konnte zu einem echten Kraftakt werden, denn die Ansprüche der heiratswilligen Männer stiegen ständig. Einige Väter fingen gleich bei der Geburt einer Tochter mit Sparen an, damit sie später die Aussteuer aufbringen konnten, ohne sich zu ruinieren. Dieses Heiratsgut war eine mehr oder weniger große Last, und sicher wurde mancher Tochter deutlich zu verstehen gegeben, dass man ziemlich viel Geld aufwenden müsste, um sie aus dem Haus und unter die Haube zu bekommen.

VOM BAUERNMÄDCHEN ZUR DIENSTMAGD

Viele Bauernmädchen wurden zum Arbeiten in die Stadt geschickt. Die meisten von ihnen verdingten sich als Dienstmägde. Es war vor allem die Hoffnung auf eine bessere Zukunft, die sie in die Stadt trieb. Eine Dienstmagd musste den ganzen Tag schuften. Dafür bekam sie Kost und Logis und ein winziges Gehalt. Sie träumte davon, sich eine Mitgift zusammensparen zu können, um eine gute Partie für einen Mann zu sein. Aber viele Frauen schafften das nicht, waren dafür doch mehrere Jahresgehälter nötig – und irgendwann waren sie zu alt, um noch geheiratet zu werden.

nach der Niederkunft nicht lange ausruhen konnten, sondern bald wieder arbeiten mussten.

Die Tochter eines Bauern hatte ein hartes und arbeitsreiches Leben vor sich, denn der Aufgabenbereich einer zukünftigen Bäuerin war sehr umfangreich. Sie hatte nicht nur das Haus zu versorgen, sondern auch den Gemüsegarten, die Tiere im Stall und alles, was sonst noch so anfiel. Der Tag einer Bauersfrau begann manchmal mitten in der Nacht mit Brotbacken. In der Morgendämmerung kämmte und krempelte sie die Wolle und scheuerte das Haus. Tagsüber kochte sie alle Mahlzeiten, und am Abend half sie dabei, die Tiere zu füttern und die Kühe zu melken. Je nach Jahreszeit half sie bei der Ernte. Sie weckte Obst und Gemüse ein, pökelte geschlachtetes Fleisch. Natürlich machte sie auch die Wäsche, flickte die Kleider, hütete die Kinder und kümmerte sich um die Kranken. Von ihren Töchtern erwartete sie Unterstützung – und das bedeutete nicht, für zehn Minuten die Geschirrspülmaschine auszuräumen. Stundenlang gruben sie Kartoffeln aus der Erde oder waren auf den Getreidefeldern zugange.

Das Leben adeliger Frauen war dagegen weniger durch harte körperliche Arbeit als vielmehr durch gesellschaftliche Pflichten geprägt. Aber auch das Herrschen kann ganz schön aufwendig sein. Wenn zum Beispiel Kriege und Feldzüge vorbei waren, hatten sie für die Organisation der Siegesfeier Sorge zu tragen. Da kamen oft mehrere hundert Personen zusammen, und die Dame des Hauses musste gebratene Spanferkel, knusprige Gänse, Kuchen, Obst, Käse und Leckereien aller Art auffahren lassen. Die standesgemäße Repräsentation bedeutete sehr viel, gehörte sie doch zum Machterhalt.

In diese Welt, die von Dünkel und Machtkalkül geprägt war, wurden die Töchter von Adeligen hineingeboren. Als Adelige hatte man das Bewusstsein, etwas Besseres zu sein. Bei der Verheiratung einer adeligen Tochter spielten deshalb strategische Berechnungen eine entscheidende Rolle. Welcher junge Mann war eine geeignete Partie? Hatte er genug Ländereien? Konnte seine Familie als standesgemäß bezeichnet werden? Wie gestaltete sich sein Verhältnis zum König? Man überlegte sich genau, welche Verbindung mit einem anderen Herrscherhaus am meisten Machtzuwachs bringen würde. Durch arrangierte Ehen wurden regelrecht politische Bündnisse besiegelt. Liebe spielte dabei keine Rolle. Manche Mädchen wurden sogar schon als Kinder verheiratet, wie die französische Prinzessin Margarete, die Tochter König Philipp V. von Frankreich, die zum Zeitpunkt der Hochzeit im Jahr 1320 drei Jahre alt war. Ihr Bräutigam – Ludwig II. von Nevers aus Flandern – gerade einmal fünf. Sie wuchsen gemeinsam im Hause des Bräutigams auf. Mit dieser Ehe sollte die politische Allianz von Flandern und Frankreich (gegen England) besiegelt werden.

Auch die adeligen Frauen waren also von ihren Vätern und Ehemännern abhängig, die über ihr Schicksal entschieden. Und wenn ein Mädchen nicht lammfromm in alles einwilligte, was ihre Eltern für sie beschlossen hatten, setzte man sie massiv unter Druck. So wurde eine Mädchen namens Katherine Dowdall von ihrer Mutter geschlagen, um sie zur Zustimmung zu der von den Eltern beschlossenen Ehe zu zwingen. Als das nichts half, drohte der Vater, ihr alle Knochen zu brechen. Ähnlich erging es einer anderen englischen Frau.

HERRIN AUF EINER BURG

Das Leben auf einer Burg war nicht sehr komfortabel. Es gab weder eine richtige Heizung noch Fenster, deshalb war es in den Räumen dunkel und kalt. Die Männer waren meistens unterwegs, um Krieg zu führen. In dieser Zeit verwalteten die Frauen die Geschicke der Burg. Wenn sie das gut erledigten, konnten sie durchaus an Macht und Einfluss gewinnen. Es konnte ihnen aber auch passieren, dass sie an einen wenig ritterlichen Ehemann gerieten, der sie in einem Turm einschloss, während er sich mit anderen Frauen abgab.

Elisabeth Paston wurde so lange in ihrem Zimmer eingesperrt und verprügelt, bis sie schließlich der Ehe mit einem fünfzigjährigen Witwer zustimmte. Das hört sich sehr grausam an, und das war es auch, man muss aber ebenso bedenken, dass es für eine junge Frau und ihre Familie sehr schlecht aussah, wenn sie keinen Mann abbekam. Im damaligen Weltbild war es einfach nicht vorgesehen, dass eine Frau niemandem gehörte. Sie musste entweder unter der Vormundschaft des Vaters oder des Ehemannes stehen. Die Vorstellung, dass eine Frau unabhängig lebt und für sich selbst entscheidet, was sie gern arbeiten und ob und wen sie heiraten möchte, existierte damals nicht. Die Aufgabe einer Frau war es, eine Ehefrau zu werden, den Haushalt zu führen und Kinder zu gebären. Wenn ihr das aus irgendwelchen Gründen nicht gelang, war sie im Leben gescheitert und galt als alte Jungfer.

Adelige Familien schickten in einem solchen Fall ihre unverheirateten Töchter ins Kloster. Auf diese Weise wurden sie mit Gott vermählt – und waren wenigstens untergebracht. Die Töchter aus armen Familien, die keinen Mann fanden, landeten nicht selten auf der Straße und lebten als Tagelöhnerinnen oder Prostituierte. Manchen von ihnen half auch die Kirche, die nach und nach Häuser eröffnete, in denen solche gefallenen Mädchen aufgenommen wurden.

Eine der wenigen Möglichkeiten für eine Frau in dieser Zeit, ein freies und selbstbestimmtes Leben zu führen, war der Eintritt in einen Beginenorden (für die Männer gab es Begardenorden). Die Beginen waren christliche Lebens- und Arbeitsgemeinschaften von Frauen. Sie selbst nannten sich »Schwestern«, Außenstehende bezeichneten sie

HEIRAT OHNE ZWANG

Der Kirche gefielen Zwangsehen unter normalen Bürgern überhaupt nicht. Für sie war die Ehe ein heiliger Bund fürs Leben, der nur auf der Grundlage eines freien Willens geschlossen werden konnte. Je mehr Heirat und Hochzeitszeremonie zur Sache der Kirche wurden, desto mehr wurde darauf geachtet, dass die Braut auch wirklich freiwillig heiratete.

auch als »Polternonnen«. Bei den Beginen gab es natürlich Regeln, aber die waren im Unterschied zu den üblichen Klöstern viel demokratischer. So mussten die Frauen sich nicht ihr ganzes Leben lang verpflichten, im Orden zu bleiben, sondern konnten wieder austreten, wenn sie etwa heiraten wollten. Auch das Vermögen, das sie in den Orden einbrachten, wurde ihnen nicht abgenommen. Wenn sie ihn wieder verließen, erhielten sie ihren Anteil zurück. Selbstverständlich gab es auch einen Boss, aber der war bei den Beginen eine Frau. Sie wurde jedes Jahr neu gewählt und mit »Meisterin« oder »Grande Dame« angesprochen.

Die Beginen lebten ein christliches Leben, und jeder Orden konzentrierte sich auf bestimmte Aufgaben. Manche halfen den Armen, andere den Kranken. Sie waren aber auch Geschäftsfrauen, betrieben erfolgreich Wäschereien, fertigten schöne Stoffe an, die sie verkauften. Für Frauen, die über sich eigenverantwortlich bestimmen wollten, waren die Höfe ein Segen, der Kirche und auch vielen Handwerkszünften waren sie aber ein Dorn im Auge. Der Kirche machten die Beginen durch ihre selbstlose Frömmigkeit Konkurrenz, den Handwerkern durch ihre gut laufenden Geschäfte.

Die Orden hatten einen ständigen Zulauf, und einige der »Schwestern« begannen herumzuziehen und zu predigen. Das war den Frauen damals nicht erlaubt. Als Bräute Christi durften sie allenfalls eifrig beten und Prophezeiungen machen. Und so begann die Kirche damit, den umherziehenden »Polternonnen« ihr Tun zu untersagen. Viele von ihnen wurden als Ketzerinnen verbrannt, und die sesshaften Beginen stellte man unter die Aufsicht von Bischöfen und Mönchen. Da war es natürlich

---

DIE BEGINEN

Der erste Beginenorden wurde von einem Mann gegründet, und zwar von dem Priester Lambert Beghe im Jahr 1180. Er ließ in einem großen Garten in der Nähe der Stadt Lüttich Häuser erbauen, in die die weiblichen Mitglieder seiner Gemeinschaft einziehen konnten. Sie verpflichteten sich, ein züchtiges Leben zu führen und zu arbeiten. Dieser Beginenhof war Vorbild für die Neugründung zahlreicher Orden. So entstanden überall in Europa neue Beginenhöfe und Beginenorden. Allein in Köln gab es im Jahr 1240 zweitausend Beginen.

vorbei mit der schönen Selbstbestimmung. Schritt für Schritt wurden die Beginenorden abgeschafft, und als 1487 der »Hexenhammer« erschien, wurden die letzten der »Schwestern« als Hexen zum Scheiterhaufen geführt.

Mystikerin im direkten Kontakt zu Gott

Das Leben in einem normalen Kloster war nicht unbedingt amüsant oder gemütlich, aber es bot den Frauen unter Umständen ein besseres Dasein als draußen in der Welt, wo sie sich mit ungehobelten Ehemännern hätten herumschlagen müssen oder

> **HEILIGES ABENDMAHL**
>
> Am Abend vor seinem Tod saß Jesus Christus mit seinen Jüngern zum Essen zusammen. Dabei sprach Jesus über seinen baldigen Tod und das Gottesreich. Er prophezeite auch, dass einer der Jünger ihn verraten würde, sagte aber nicht wer. Für die Christen ist das Abendmahl ein wichtiger Teil der Messe, bei dem die Gläubigen feierlich Brot und Wein einnehmen. Dadurch vereinigen sie sich mit dem Leib Christi. In der Kirche wurde früher und wird auch heute noch leidenschaftlich darüber diskutiert, ob das Brot wirklich der Leib und der Wein wirklich das Blut von Jesus seien, oder ob Brot und Wein Jesus' Leib und Blut nur symbolisieren.

als alte Jungfern verachtet wurden. Im Kloster hatten die Frauen die Möglichkeit, sich zu bilden. Das war für damalige Verhältnisse ein großes Privileg. Sie konnten Lesen und Schreiben lernen. Und auch wenn sie sich einer strengen Klausur unterwerfen mussten – das Kloster also nicht verlassen durften –, so konnten sie durch Bücher zumindest im Geiste reisen.

Das Leben hinter den kirchlichen Mauern hatte den Vorteil ökonomischer Sicherheit, und als Nonne genoss man immerhin ein gewisses Ansehen. Viele von diesen Frauen waren strenggläubige Christinnen, die es als große Ehre ansahen, ihr Leben Jesus Christus weihen zu dürfen und seine Braut zu sein. In den meisten Klöstern legte man großen Wert auf einen Alltag, der heiligengemäß war: Gebetsstunden, Meditationen, Buße und das Singen von Liedern, in denen Gott gepriesen wurde – darum drehte sich alles. Einige Frauen waren von ihrem Glauben und der Vorstellung, eine Braut Christi zu sein, so erfüllt, dass sie alles mit Jesus Christus teilen wollten, auch seine Schmerzen und sein Leiden. Sie steigerten sich in diesen Gedanken immer mehr hinein und fasteten tage- oder wochenlang, bis sie vor Hunger kaum noch stehen konnten. Viele von ihnen fügten sich Wunden zu und schlugen sich selbst, in der Hoffnung, auf diese Weise ihrem Herrn besonders nahe zu kommen. Bei einigen steigerte sich das religiöse Erleben bis ins Rauschhafte. Sie litten mit Jesus während der Passionszeit, sodass bei ihnen die gleichen Wundmale erschienen, die Jesus am Kreuz geschlagen worden waren. Sie glaubten, wie Maria mit Jesus schwanger zu sein, und meinten sogar, sie würden das Christuskind stillen. Ihr ganzes Dasein war erfüllt vom Heiligen Geist. Das ging so weit, dass in manchen Orden das Heilige Abendmahl nicht jeden Sonntag zelebriert wurde, weil einige Ordensschwestern derart aus dem Häuschen gerieten, wenn der Leib Christi persönlich anwesend war. Es dauerte danach Tage, bis sie sich wieder beruhigt hatten.

Die Frauen, die sich hauptsächlich in diesen geistigen und religiösen Sphären bewegten, nannte man Mystikerinnen. Im späten Mittelalter gab es besonders viele von ihnen, die solche rätselhaften und geheimnisvollen Erlebnisse hatten. Die Kirchenväter hatten ein etwas gespaltenes Verhältnis zu ihnen. Einerseits befürworteten sie natürlich einen besonders innigen Glauben, und man war auch geneigt, Gottes Wirken in auserwählten Personen anzunehmen. Andererseits aber waren diese Mystikerinnen Rivalinnen, denn sie standen ja selbst im direkten Kontakt mit Gott. Die Kirche machte es sich deshalb zur Aufgabe, diese Frauen zu überprüfen, um festzustellen, ob es sich dabei um echte Heilige, um Betrügerinnen oder geisteskranke

Frauen handelte. Und manchmal fiel die Reaktion der Kirche danach sehr harsch aus.

Eine berühmte, aber auch sehr umstrittene Heilige war Brigitta von Schweden. Sie stammte aus einer der mächtigsten Familien Schwedens, und sie lebte von 1303 bis 1373. Bei vielen Gläubigen war Brigitta hoch angesehen. Sie hatte immer wieder göttliche Visionen, die zu einem sittlicheren Leben aufriefen. Zugleich war sie eine Prophetin, denn sie sagte Ereignisse voraus. Die Menschen kamen zu ihr und fragten sie um Rat oder wollten sie einfach nur berühren, um an ihrer Heiligkeit teilzuhaben. Einigen Geistlichen passte das gar nicht. Sie hielten Brigittas Visionen für Betrügereien und predigten gegen sie. Was sie nicht hätten tun sollen, denn den Anklägern und Zweiflern erging es hinterher schlecht. Regelmäßig stürzten sie ins Unglück, und einer von ihnen starb sogar, kurz nachdem er begonnen hatte, gegen Brigitta zu agieren. Die Leichentransporteure weigerten sich, den Toten wegzuschaffen, weil er so gotterbärmlich stank. Selbst doppelter Lohn konnte die Herren nicht umstimmen. Diese und ähnliche Ereignisse bestärkten Brigittas Ruf als Heilige, und so wurde sie nach ihrem Tod schließlich heiliggesprochen.

Das Schicksal von Sibylla von Marsala verlief dagegen ganz anders. Sibylla war eine Begine. Morgens war sie meist die Erste in der Frühmesse, weil sie es kaum erwarten konnte, ihrem Glauben Ausdruck zu geben. Ihre Frömmigkeit wurde bald über den Orden hinaus bekannt, genauso wie ihre Himmelsvisionen und Engelserscheinungen. Manchmal lag sie aber auch tagelang im Bett, ohne sich zu rühren, ohne zu essen, zu trinken oder auf die Toilette zu gehen – so glaubte man jedenfalls. Nicht nur das einfache Volk strömte herbei, um die Heilige zu sehen, sondern auch Adelige, Geistliche und der Bischof höchstpersönlich. Letzterer wollte ihren Ruf noch dadurch festigen, dass er sie einer Prüfung unterzog. Um zu beweisen, dass sie wirklich nichts aß, wurde sie in einem Haus unter Aufsicht gestellt. In diesem aber wurde sie vom Teufel heimgesucht, was sich darin äußerte, dass sie in Ekstase verfiel, schrie und zitterte. Tatsächlich hatten auch ihre Aufpasser den Dämon durch das Haus geistern sehen, und daraufhin wurde Sibylla wieder zurück in ihren Orden gebracht, wo sie sich beruhigte und zur bekannten Frömmigkeit zurückkehrte.

Dem Bischof reichte das als Beweis ihrer Heiligkeit. Er ließ ihr eine kleine Kirche mitsamt Häuschen bauen, damit alle ihre Anhänger sie jederzeit besuchen konnten. Einst geschah es aber, dass einer ihrer Verehrer – Sibylla wurde gerade wieder einmal von Engels- und Teufelsstimmen heimgesucht – sich an ihre Tür schlich und durch eine

Ritze lugte, um Zeuge des Wunders zu werden. Was er da aber sah, überraschte ihn sehr. Während die Heilige in aller Ruhe ihr Bett ausschüttelte und das Zimmer aufräumte, brachte sie die unheimlichen und überirdischen Stimmen selbst hervor. Daraufhin wurde ihre Kammer aufgebrochen. Und was fand man unter dem Bett? Nicht nur Essensreste, sondern auch die Maske, mit der sie den Teufel selbst gespielt hatte. Der Bischof war geschockt. Wie war es nur möglich, dass er auf ein solches Weib hereingefallen war? Einige forderten, sie solle bei lebendigem Leibe begraben werden. Doch der Bischof, eher stocksauer, beschloss, dass die vermeintliche Heilige nun genug Aufmerksamkeit erfahren habe. Er ließ sie bei Wasser und Brot einkerkern, und da starb sie sang- und klanglos.

Weit hergeholt: Frauen sollen sündig sein

Auf die Frage, warum vor allem Frauen mit Hexerei in Verbindung gebracht wurden, gibt es keine einfache Antwort. Ein wichtiger Aspekt ist aber sicher, dass Frauen allgemein als weniger wertvoll angesehen wurden als Männer. Sie waren Wesen zweiter Klasse. So war es zum Beispiel einem Ehemann erlaubt, seine Frau »nach dem üblichen Maß zu prügeln«, wenn sie aufmüpfig war und ihm nicht gehorchte. Nur totschlagen durfte er sie nicht. Da Frauen damals über keine politischen Rechte verfügten und als rechtsunmündig galten, standen sie ihr Leben lang unter der Fuchtel ihrer Ehemänner oder Väter. Sie konnten ihre Interessen nicht in der Öffentlichkeit vertreten und waren immer darauf angewiesen, durch einen Mann geschützt zu werden. Weil Frauen über wenig legale Mittel und Wege verfügten, ihre Vorstellungen durchzusetzen, könnte es sein, dass sie aus Mangel an anderen Möglichkeiten der Erfüllung ihrer Wünsche eher durch Zauberei nachhelfen wollten. Bei den Liebeszaubereien muss dies in jedem Fall so gewesen sein, denn sie wurden von wesentlich mehr Frauen als Männern betrieben. Es kann aber auch sein, dass Frauen mehr zauberten, damit die Männer Angst bekamen, wenn sie ihre Ehefrauen schlecht behandelten. Vielleicht sollten sie sich davor fürchten, die Frauen könnten sich an ihnen rächen und ihnen Flüche und Verwünschungen hinterherrufen.

Wie Frauen zur damaligen Zeit wahrgenommen wurden, hatte auch etwas mit dem Einfluss der Kirche zu tun. Sie galten den Kirchenvätern ja als sündig und leicht verführbar. Dabei beriefen diese sich auf alle möglichen Bibelstellen, vor allem auf die Geschichte vom Sündenfall. Nicht Adam, sondern Eva ließ sich von der Schlange verführen, vom verbotenen Baum der Erkenntnis Äpfel zu naschen, obwohl Gott es ihnen verboten hatte. Sie war also die erste Sünderin. Klar, dass die Männer im Vergleich zu diesem wankelmütigen und schnell zu lockenden Geschlecht als stark und unerschütterlich in ihrem Glauben galten.

Es gibt viele Texte in der Bibel, die eine ganz andere Sprache sprechen und Frauen als den Männern gleichrangig darstellen. Bei Moses heißt es zum Beispiel: »Und Gott schuf den Menschen zu seinem Bilde, zum Bilde Gottes schuf er ihn; und schuf er sie als Mann und Weib.« Diese Stelle

> **DAS WEIB AUS DER RIPPE**
>
> In der Schöpfungsgeschichte der Bibel steht: »Und Gott der Herr sprach: Es ist nicht gut, dass der Mensch allein sei; ich will ihm eine Gehilfin machen, die um ihn sei. Und da ließ Gott einen tiefen Schlaf fallen auf den Menschen, und er schlief ein. Und er nahm eine seiner Rippen und schloss die Stelle mit Fleisch. Und Gott der Herr baute ein Weib aus der Rippe, die er von dem Menschen nahm, und brachte sie zu ihm. Da sprach der Mensch: ›Das ist doch Bein von meinem Bein und Fleisch von meinem Fleisch; man wird sie Männin nennen, weil sie vom Manne genommen ist.‹« **Auf diese Stelle wurde immer wieder verwiesen, um zu begründen, dass der Mann die Hauptperson sei und die Frau bloß eine Art Kopie.**

wurde aber selten zitiert. Die Interpretation der Bibel hing also sehr stark davon ab, wer sie gerade las und was derjenige gern wissen wollte. Bis heute verwehrt die katholische Kirche den Frauen den Zutritt zu höheren Ämtern und begründet das damit, dass sie zu unrein und zu fleischlich seien, um die Heilige Messe zu vollziehen.

In der Zeit, als die Hexen verfolgt wurden, steigerten sich einige Geistliche in einen regelrechten Frauenhass hinein. Allen voran der uns schon bekannte Verfasser des »Hexenhammers«, jener Heinrich Kramer. Er war maßgeblich dafür verantwortlich, dass sich die Hexenjagd auf die Frauen zuspitzte. Er schrieb, dass das lateinische Wort für Frau, nämlich »femina«, von »fe minus« abstamme, was so viel bedeuten würde wie »fidus mina«, also »weniger Glauben«.

Mit dieser sehr weit hergeholten Beweisführung meinte Kramer belegen zu können, dass die Frauen von Natur aus weniger gläubig seien und eine leichte Beute für den Teufel. Schon damals bescheinigten ihm einige Leser, dass seine Ablehnung der Frau regelrecht krankhaft und mit dem christlichen Glauben nicht in Übereinstimmung zu bringen sei. Denn es gebe in der christlichen Kirche schließlich auch eine große Verehrung für die Frau. So sei Maria doch sehr hoch angesehen. Maria sei immerhin die Mutter Gottes und allein deshalb verdiene sie besondere Achtung.

Das Frauenbild der Kirche bewegte sich also zwischen sehr großen Gegensätzen: Heilige oder Hexe, so wie es gerade nützlich war. Das ging selbstverständlich an der Wirklichkeit ziemlich weit vorbei. Die meisten Frauen waren und sind natürlich ganz normale Menschen: weder besonders gut noch besonders böse. Sie hatten persönliche Stärken und Schwächen, so wie heute auch.

Eine Ausnahme bildete allerdings eine Frau, die als Hexe verbrannt und später heiliggesprochen wurde. Ihr Name: Johanna von Orléans. Manche nannten sie eine »männliche Jungfrau«. Das war so ziemlich das Beste, was man damals sein konnte: ein Mann und eine unberührte Frau zugleich, denn die Kirche hielt viel von dem »starken Glauben« eines Mannes und der Keuschheit und Jungfräulichkeit eines Mädchens.

Jeanne d'Arc, wie die Franzosen sie nennen, kam in einem kleinen französischen Dorf zur Welt. Sie war die Tochter eines Bauern. Im Alter von dreizehn Jahren erschienen ihr der heilige Michael und noch einige andere Engel, die zu ihr sprachen. Sie sagten, dass sie von nun an Männerkleidung tragen solle. Später gaben die Stimmen ihr den Befehl, Soldatin zu werden, und sie prophezeiten ihr, dass sie siegreich für den französischen König Karl VII. kämpfen werde.

Die Franzosen und die Engländer befanden sich zu dieser Zeit in einem fast hundert Jahre währenden Dauerkriegszustand. Die Engländer waren dabei immer weiter vorgerückt und hatten schon weite Teile Frankreichs in ihrer Hand. Karl VII. war nun kein besonders entschlossener und glücklicher Kriegsherr, und die Lage der Franzosen wurde immer verzweifelter. Als nun Jeanne d'Arc in ihren Männerkleidern und mit modischem Kurzhaarschnitt vor den König und andere hohe Herren trat, sagte sie ohne Scheu: »Sehr erlauchter Herr, ich bin gekommen und von Gott gesandt, um Euch und dem Königreich Hilfe zu bringen.« Nach diesen Worten wurde es mucksmäuschenstill im Saal.

Hatte man richtig gehört? Dieser Teenager vom Lande wollte Frankreich retten? Das klang ja unglaublich. Aber vielleicht gelang es Jeanne d'Arc gerade deshalb, den König zu überzeugen, jedenfalls trat Jeanne in sein Heer ein. Sie wurde vor Orléans stationiert, das von den Engländern besetzt gehalten wurde. Tag für Tag belagerten Jeanne und die anderen französischen Soldaten die Stadt, ohne dass etwas passierte.

Am 6. Mai 1429 unternahm Jeanne schließlich auf eigene Faust einen Angriff auf die Stadt, begleitet von einem Trupp von Soldaten, die sie für ihren Plan begeistern konnte. Tatsächlich gelang es ihr, die Stadt zu befreien. Die Engländer zogen sich zurück, und Frankreich hatte eine neue Heldin: »Johanna von Orléans«. Einige Zeit später verließ sie aber das Kriegsglück. Man nahm sie gefangen und lieferte sie an die Engländer aus. Diese glaubten natürlich, dass der Sieg, den diese Frau über sie errungen hatte, nur mithilfe von Zauberei zustande gekommen sein konnte. Für sie war klar: Jeanne d'Arc musste eine Hexe sein – und als solche wurde sie schließlich auch verurteilt.

Der Scheiterhaufen, über dem man sie festband, war besonders klein, sodass es quälend lange dauerte, bis sie starb. Neben dem Ort der Verbrennung war ein Schild aufgestellt, auf dem sie als Lügnerin, bösartige Betrügerin des Volkes, Hexe, Abergläubische, Gotteslästerin, liederliche, grausame, götzendienerische Dämonenbeschwörerin, Ketzerin und so weiter und so fort bezeichnet wurde. Der Hass der Engländer auf sie war grenzenlos. Aber keine fünfundzwanzig Jahre später ließ Karl VII. den Fall wieder aufrollen. Das kirchliche Gericht beschied: alles anders! Johanna war keine Hexe.

Das Urteil der Engländer ein Rechtsirrtum. Der Hexenpfahl auf ihrem Grab wurde in der Folge gegen ein Sühnekreuz ausgetauscht. Aber damit nicht genug: Im Jahre 1920, also fast fünfhundert Jahre später, entschied Papst Benedikt XV., dass Johanna von Orléans eine Heilige sei und das »herrlichste Geschöpf der Geschichte«. Bis heute wird Jeanne d'Arc in Frankreich als Volksheldin verehrt und ihr außergewöhnlicher Lebensstil bewundert.

Das Leben der meisten Frauen spielte sich in jenen Tagen allerdings zwischen Kinderhüten, Milchviehmelken und Unkrautjäten ab. Das sind nun aber genau die Bereiche, in denen man besonders schnell der Hexerei verdächtigt werden konnte. Deshalb vermuten einige Hexenforscher, dass dies auch ein Grund sein könnte, warum vor allem Frauen der Hexerei angeklagt wurden.

Einige Historiker sind der Meinung, dass die Hexenverfolgung ein Vorwand gewesen sei, um eine bestimmte Gruppe von Frauen loszuwerden – oder besser gesagt: das spezielle Wissen, das diese Frauen hatten. Sie meinten damit insbesondere das Wissen der Hebammen und Heilerinnen. Die Hebammen kannten sich nicht nur mit Geburtshilfe und Kinderpflege aus, sondern auch mit allen möglichen Methoden, wie man nicht schwanger wurde oder eine ungewollte Schwangerschaft beenden konnte. Beides war natürlich verboten, und die Hebammen wurden strengstens durch Hebammenverordnungen und durch den Geistlichen eines Dorfes überwacht. Hebamme konnte nur werden, wer einen »guten Ruf« und »gute Hände« hatte. Aber stimmt es wirklich, dass sich die Hexereianklagen speziell gegen diese fachkundigen und weisen Frauen richtete?

Tatsächlich gehörte es zum Berufsrisiko einer Hebamme, als Hexe angeklagt zu werden. Da ja bei Geburten und in der Zeit danach besonders viele Frauen und Kinder starben, konnte es leicht passieren, dass eine Hebamme der Schadenszauberei verdächtigt wurde. Trotzdem wäre es zu einseitig, wenn man sagen würde, dass es sich bei der Hexenverfolgung um ein großes Komplott gegen kundige, weise Frauen handelte.

Hänsel und Gretel verirrten sich im Wald ...

All die Beginen, Mystikerinnen, Heilerinnen und Hebammen, die als Hexen angeklagt wurden, waren sicher unschuldig im Sinne einer gerechtfertigten Anklage. Aber bestimmt haben viele von ihnen dubiose Sachen veranstaltet. Mit Sicherheit haben einige versucht, ihren Wünschen mit Zauberei nachzuhelfen. Der einen oder anderen ist gewiss im Rausch der leibhaftige Teufel erschienen. Ohne Zweifel haben Frauen in ihren Küchen Salben zusammengerührt und damit herumexperimentiert. Und so manches alte Weib wird ihrem Nachbarn die Pest an den Hals gewünscht haben, weil sie ihn nicht leiden konnte. Doch das wirkliche Leben ist oft zu diffus, komplex und widersprüchlich, um all diese Handlungen eindeutig als gut oder böse einzuordnen.

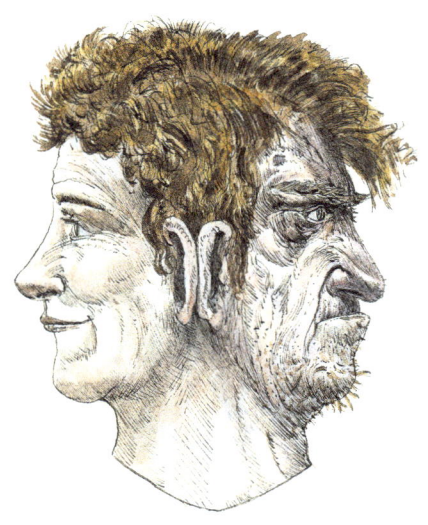

Im Märchen ist das ganz anders. Da ist immer klar, wer zu den Bösen und wer zu den Guten gehört. Ein schwammiges Jein, es könnte möglicherweise sein, vielleicht ist es aber doch anders, und müsste man nicht auch berücksichtigen, dass ... – im Märchen gibt es das nicht. Meistens weiß man von der ersten Sekunde an, wer gut und wer böse ist. Das hört sich dann zum Beispiel so an: »Mitten in einem Walde wohnte eine alte schlimme Hexe ganz allein mit ihrer Tochter, welche letztere ein gutes, mildes Kind war, und bei der das Sprichwort: der Apfel fällt nicht weit vom Stamme, nicht zutraf. Der Stamm nämlich war über alle Maßen knorrig, stachelig und hässlich.« So fängt das Märchen »Die Hexe und die Königskinder« von Ludwig Bechstein an. Allein der erste Satz – und schon weiß man ungefähr, was man von den beiden Hauptdarstellerinnen zu erwarten hat. Die Hexe wird versuchen, unschuldige und naive Kinder in ihr Haus zu locken, um Schlimmes mit ihnen anzustellen, und die Tochter wird den Ahnungslosen helfen. Zwischentöne gibt es nicht in der Märchenwelt. Das Vergnügen, das man beim Lesen dieser Geschichten hat, hängt damit zusammen: Man weiß genau, wo das Böse lauert und von wem die Gefahr ausgeht. Und ebenso ist schnell erkannt, wer der Gute ist, mit dem man die ganze Zeit mitfiebert. Furcht und Hoffnung – ihnen können wir uns ganz ungehemmt hingeben.

Je scheußlicher und furchterregender die Hexe, der böse Zauberer, das Monster oder der Dämon, umso größer die Spannung. Wir fürchten uns vor den Grausamkeiten und dem Vernichtungswillen, die von diesen Schreckensgestalten ausgehen. Und zugleich bibbern und hoffen wir mit dem guten Mädchen oder dem guten Jungen, identifizieren uns mit ihnen. Wenn am Ende das Gute siegt, sind wir erleichtert. Uff, geschafft. Aber nicht nur das. Wir sind froh, stolz und glücklich, denn der Sieg der Guten fühlt sich so an, als hätten wir ihn selbst errungen. Je schrecklicher und unheimlicher das Böse ist, umso großartiger der Triumph.

Die bekannteste Märchenhexe ist sicherlich die Hexe aus »Hänsel und Gretel«. Sie hat vor allem ein Ziel: Kinder fressen, und bekannt wurde sie durch die Brüder Jacob und Wilhelm Grimm. Der erste Band ihrer Kinder- und Hausmärchen erschien im Jahr 1812. Zu diesem Zeitpunkt war die letzte Hexenverbrennung gerade einmal dreißig Jahre her. Kein besonders langer Zeitraum. Die Brüder Grimm gaben sich große Mühe, die Märchen so wiederzugeben, wie sie diese von Leuten erzählt bekamen. Dennoch konnten sie sich nicht ganz zurückhalten und dichteten sie ein bisschen um. In der ursprünglichen Version von »Rumpelstilzchen« hieß es: »Er nahm nichts an und gab ihr drei Tage Zeit, wenn sie am letzten nicht seinen Name wisse, so müsse sie ihm das Kind geben.«

> **KINDER TOTMACHEN**
>
> In dem Märchen »Hänsel und Gretel« heißt es: »Da ging auf einmal die Türe auf, und eine steinalte Frau, die sich auf eine Krücke stützte, kam herausgeschlichen. Hänsel und Gretel erschraken so gewaltig, dass sie fallen ließen, was sie in den Händen hielten. Die Alte aber wackelte mit dem Kopfe und sprach: ›Ei, ihr lieben Kinder, wer hat euch hierher gebracht? Kommt nur herein und bleibt bei mir, es geschieht euch kein Leid.‹ ... Die Alte hatte sich nur freundlich angestellt, sie war aber eine böse Hexe, die den Kindern auflauerte, und hatte das Brothäuslein bloß gebaut, um sie herbeizulocken. Wenn eins in ihre Gewalt kam, so machte sie es tot, kochte es und aß es, und das war ihr ein Festtag. Die Hexen haben rote Augen und können nicht weit sehen, aber sie haben eine feine Witterung wie die Tiere und merken's, wenn Menschen herankommen.«

Weil ihnen das aber etwas zu umständlich klang, änderten sie die Stelle: »Wenn du bist dahin meinen Namen weißt, so sollst du das Kind behalten.«

Das mag man für eine Kleinigkeit halten, aber vor allem Wilhelm Grimm gestaltete die Märchen mehr und mehr als Kindermärchen, und deshalb rückte der erzieherische Aspekt in den Vordergrund. Die Geschichten sollten die Kinder nicht nur unterhalten, sondern ihnen ebenso die richtige Moral vermitteln. Das Gute und das Böse sollten ganz deutlich werden, damit die Botschaft auch wirklich bei den Kindern ankam. Die Beschreibung der Personen spielte deshalb eine große Rolle, denn durch sie lernten die Kinder auf Anhieb das Gute vom Bösen zu unterscheiden. Die guten Mädchen sind stets bescheiden, fleißig und sauber. Sie helfen der Mutter und schütteln die Betten ordentlich aus. Das Böse dagegen ist gierig und hässlich. Und je mehr dieser Gegensatz mit Details ausgemalt wurde, umso stärker prägte er sich ein. Das galt auch für die Ausmalungen einer bösen Hexe.

Vom Vergnügen, gefressen zu werden!

Bestimmt kennt ihr ein Kinderspiel, das ungefähr so abläuft: Eines der Kinder ist der Bollermann. Er sitzt unterm Wagen. Dort poltert er gegen den Wagenboden und ruft: »Boller, Boller unterm Wagen.« Die mitspielenden Kinder sind auf dem Wagen und rufen:
»Wer ist da?«
Worauf der Bollerman sagt: »Ein Menschenfresser!«
»Was will er?«, fragen die ängstlichen Kinder, und die Antwort kommt prompt: »Menschen fressen.«
»Womit?«
»Mit Messer und Gabel!«
»Hast du denn einen?«
»Nee!«
»Dann hol dir einen!«
Die Kinder springen mit diesen Worten vom Wagen und rennen weg. Der Bollermann jagt ihnen nach. Hat er einen Mitspieler gefangen, so muss dieser an seiner Stelle den Bollermann spielen. Märchen wie »Hänsel und Gretel« oder auch »Rotkäppchen« wurden wegen

dieser Menschenfresserei oft als grausam und für Kinder ungeeignet angesehen. Dabei ist es so, dass sogar die Kleinen gern Monster- und Dämonenspiele spielen und selbst welche erfinden. Dabei geht es immer darum, dass ein böses Monster – ein schrecklicher Dämon, eine riesige Schlange oder ein großmäuliges Krokodil – das Kind verschlingen will. Dieses ergreift vor dem Unhold oder dem Untier die Flucht, indem es sich auf einen Baum rettet, eine Insel oder einen hohen Turm – und das böse Monster hat das Nachsehen. Solche Spiele spielen Kinder in der Fantasie oder mit jemandem, der so tut, als ob er das böse Monster sei. Wenn dieses das Kind erwischt und es verschlingt, lacht sich das kleine Mädchen oder der kleine Jung halb tot, und das Spiel geht von vorne los.

In dem Dämonenspiel der Kinder passiert also etwas Ähnliches wie in den Märchen, in denen die kinderfressende Hexe oder der kinderverspeisende Wolf auftaucht. Damit stellt sich die Frage, ob es vielleicht einen tieferen Grund hat, dass Kinder sich fürs Gefressenwerden begeistern und sich dabei so ausgiebig und freiwillig »wonnegrausen«. Schlaue Menschen haben sich das so erklärt: Eine Erfahrung, die fast alle Kinder in ihren ersten Lebensjahren machen, ist, dass sie von einer großen, starken und mächtigen Mama behütet und beschützt werden. Mama weiß alles, Mama kann alles, Mama hat immer was zum Essen da. Mama tröstet, Mama kuschelt, Mama passt auf, dass nichts passiert. Das ist toll von Mama, und deshalb wird sie auch doll geliebt und bekommt viele Geschenke am Muttertag. Aber alle Kinder wollen ab einem bestimmten Alter auch selbstständig sein. Sie wollen Sachen alleine machen. Sie wollen zeigen, was in ihnen steckt und

> **HEXENMUTTER**
>
> Bei »Hänsel und Gretel« sterben die Hexe und die Mutter der Kinder zur gleichen Zeit. Als diese nach Hause zurückkehren, erfahren sie, dass die Mutter, die sie im Wald ausgesetzt hat, nicht mehr lebt, ebenso die Hexe, die von Gretel in den Ofen gestoßen wurde. Das hat die Märchen- und Hexenforscher darauf gebracht, dass Mutter und Hexe identisch sind.

wie groß sie schon sind. Sie wollen ohne Hilfe essen, wegrennen und auf Bäume klettern. Obwohl es sehr angenehm ist, von Mama betüddelt zu werden, wird es dem Kind manchmal auch zu viel. Das Kind fühlt sich zerrissen: Einerseits will es, dass seine Mama bei ihm ist, andererseits will es groß und unabhängig sein. So etwas nennt man einen Konflikt.

Natürlich ist das Kind noch viel zu klein, um seiner Mama das Problem zu erklären. Außerdem hat es Angst. Es könnte ja sein, dass Mama sauer wird, wenn sie erfährt, ihr Kind benötigt eine Pause von ihr und will mal kurz (oder für länger) verschwinden. Zudem erscheint ihm die Mama, die sich ständig kümmert, als übermächtig. Gerade so, als ob sie das Kind ersticken und verschlingen will mit ihrer Fürsorge. Das Spiel mit dem fressenden Dämon leistet dem Kind in dieser Situation gute Dienste. Der Dämon ist nämlich beides zugleich: die mächtige Mama und das gefährliche Abenteuer, das das Kind ohne seine Mutter bestehen muss. Wenn es also dem Fressdämon im Spiel immer wieder entwischt, dieser jedoch ständig wieder auf der Matte erscheint, macht das Kind im Spiel genau die Erfahrung, die im wirklichen Leben gerade das Problem ist: Wie kann ich der übermächtigen Mama entkommen, ohne sie ganz zu verlieren?

Ganz ähnlich ist es, wenn Kinder Märchen von menschenfressenden Hexen und Wölfen hören. Viele dieser Geschichten handeln nämlich davon, dass das Kind unabhängig und erwachsen wird. Der Junge oder das Mädchen ziehen in die Welt hinaus – oder in den Wald hinein –, und dort begegnen sie verschiedenen Gefahren: Wenn sie all die Abenteuer überstehen, kehren sie nach Hause zurück. Aber sie sind nun keine kleinen, naiven

Kinder mehr, sondern sie haben die Welt und ihre Bedrohungen kennengelernt. Sie sind um einige Erfahrungen reicher und deshalb reifer und erwachsen geworden. Oft kommen die Kinder auch gar nicht in ihr Elternhaus zurück, sondern treffen einen schönen Mann oder eine schöne Frau – und werden für ihren Mut mit einem besseren Leben belohnt.

Ein Märchen, das man so deuten könnte, heißt »Die wunderschöne Vasilisa«, und die Hexe, mit der Vasilisa sich herumschlagen muss, Baba Jaga. Sie treibt in Russland ihr Unwesen, und sie ist unberechenbar. Bei ihr weiß man nie, woran man ist. Manchmal hilft sie, dann wieder will sie nur irgendwelche Kinder fressen. Das Märchen ist deshalb sehr spannend, und die ganze Zeit muss man befürchten, dass die schöne Vasilisa doch noch gefressen wird. Die ganze Geschichte geht so: Kurz bevor Vasilisas Mutter stirbt, drückt sie ihrer Tochter eine kleine Puppe in die Hand, auf die sie immer gut aufpassen soll, denn sie wird ihr stets helfen. Der Vater heiratet wieder, und natürlich bekommt Vasilisa eine eklige Stiefmutter und gemeine Stiefschwestern.

Eines Abends wird Vasilisa in den Wald geschickt, um von Baba Jaga Feuer zu erbitten. Schon der Weg zur Hexe ist einigermaßen schaurig. Unterwegs begegnen ihr unheimliche Reiter, zuerst ein weißer, danach ein roter und zuletzt ein schwarzer. Schließlich erreicht Vasilisa nach langer Wanderung das Haus der Baba Jaga. Es steht auf Hühnerbeinen und kann sich um die eigene Achse drehen. Wenn die Hexe einen Besucher nicht einlassen will, dreht sie das Haus so, dass die Tür auf der anderen Seite ist. Doch es wird noch richtig schauerlich. Der Zaun ist

aus Menschenknochen gemacht, und überall im Garten sind aufgespießte Totenschädel. Deren Augen beginnen zu leuchten, als Vasilisa in das Haus eintritt. Die kleine Puppe hält sie dicht an sich gepresst, und diese versichert ihr, dass Baba Jaga ihr nichts tun wird. Ein Wind braust auf einmal auf, und die Hexe kommt in ihrem Mörser angeflogen, den sie mit dem Stößel steuert. »Ich rieche Menschenfleisch!«, ruft sie aus.

Vasilisa spricht Baba Jaga sehr artig an, so wie die Puppe es ihr geraten hat. Die Hexe nimmt sie in ihren Dienst auf, denn um das Feuer zu erhalten, müsse Vasilisa nach Ansicht von Baba Jaga zuvor arbeiten. Mit Hilfe des Püppchens gelingt es Vasilisa, alle ihr aufgetragenen Aufgaben zu lösen, und sie stellt auch keine falschen Fragen. Die Hexe ist versöhnlich gestimmt, gibt Vasilisa das gewünschte Feuer und schickt sie anschließend nach Hause. Das Feuer verbrennt alle, die Vasilisa je gequält haben, also die Stiefmutter und ihre Töchter. Auf sich allein gestellt, wird Vasilisa Näherin. Sie spinnt und webt das Garn so fein, dass der Zar sie persönlich kennenlernen möchte. Als er sie erblickt, verliebt er sich sofort in sie und macht ihr einen Heiratsantrag. Und so wird Vasilisa Zarin.

Wenn man die Geschichte von ihrem Ende her betrachtet, hat die böse Hexe auch ihre positiven Seiten. Durch den Dienst bei ihr und die Gefahren, die Vasilisa dort übersteht, wird sie erst die erwachsene und reife Frau, in die sich der Zar verliebt. Natürlich hilft ihr die Mutter durch die Puppe sehr, doch den Mut und die Klugheit, dieses Abenteuer zu bestehen, bringt Vasilisa schließlich selbst auf. Insofern kann sie froh sein, dass Baba Jaga ihr die Gelegenheit gab, zu beweisen, was in ihr steckt. Das Böse hat also auch etwas Gutes.

Die kleine Hexe – oder wie aus der bösen Hexe eine gute wurde

Das Buch »Die kleine Hexe« von Otfried Preußler erschien erstmals im Jahr 1957. Wahrscheinlich war diese kleine Hexe die erste *gute* Hexe. Otfried Preußler erzählt darin die Geschichte eines großen Missverständnisses: Wie ihr ja wisst, ist die kleine Hexe in der Walpurgisnacht zum Blocksberg geritten, obwohl sie dafür noch zu jung ist. Die Oberhexe straft sie dafür, indem sie ihren Besen verbrennt. Die anderen Hexen hatten eine größeren Denkzettel erwartet. Aus diesem Grund muss die kleine Hexe ihren ganzen Mut zusammennehmen, als sie die Oberhexe fragt, ob sie denn in der nächsten Walpurgisnacht mittanzen dürfe. Die Oberhexe antwortet darauf, dass sie sich das noch überlegen werde. Die kleine Hexe müsse vorher noch einer strengen Prüfung unterzogen werden, um festzustellen, ob sie eine gute Hexe geworden sei. Die kleine Hexe verspricht frohen Herzens, sich große Mühe zu geben, eine gute Hexe zu werden. Aber die beiden haben sich wirklich gründlich missverstanden, wie sich später herausstellt.

Die kleine Hexe jedenfalls liest nach dem Gespräch mit der Oberhexe das Hexenbuch nun noch intensiver und übt jeden Tag das Zaubern. Der Rabe Abraxas ist mit ihr sehr zufrieden und berät sie bei ihrem Tun. Im Laufe des Jahres zaubert sie für die alten Weiber im Wald einen Wirbelwind, damit sie genügend Brennholz finden. Auch verzaubert sie den bösen neuen Revierförster, sodass er immer das Gegenteil dessen sagen muss, was er eigentlich zum Ausdruck bringen will. Die Blumen des armen Blumenmädchens erhalten einen wunderbaren Duft, sodass alle bei ihr einkaufen. Die Peitsche des Bierkutschers wird so verwandelt, dass sie dem grausamen Kerl um die Ohren fliegt, statt die armen Pferde zu treffen – und so zaubert sie Gutes um Gutes bis zur nächsten Walpurgisnacht.

Voller Zuversicht tritt die kleine Hexe schließlich vor den Hexenrat, denn sie ist sich sicher, dass sie alle Aufgaben bestens lösen wird. Und ohne Probleme hext sie Wind, Donner, Hagel und Regen. Die Oberhexe ist sehr zufrieden und will die kleine Hexe schon in die Gemeinschaft der großen Hexen aufnehmen, als die Muhme Rumpumpel Einspruch erhebt. Sie gibt kund, sie könne beweisen, dass die kleine Hexe eine schlechte Hexe sei. Und dann liest sie die ganze lange Liste vor, auf der steht, was die kleine Hexe alles Gutes gezaubert hat, und bei jeder Geschichte bestätigt diese das Gesagte. Die Oberhexe wird immer unruhiger und poltert schließlich los: »Pfui Rattendreck, was für eine schlechte Hexe.«

Die kleine Hexe versteht die Welt nicht mehr, meint, sie habe doch nur Gutes gehext. »Das ist es ja«, brüllt die Oberhexe und klärt die keine Hexe auf: »Nur eine Hexe, die immer und allezeit Böses hext, ist eine gute Hexe.« Die kleine Hexe ist niedergeschmettert, wie konnte das alles nur so schieflaufen? Aber sie lässt sich nicht unterkriegen. Statt das Holz für den Scheiterhaufen zusammenzusammeln, wie die Hexen es ihr befohlen haben, zaubert sie alle Hexenbesen und Zauberbücher her, verbrennt diese und tanzt alleine um das Feuer. Sie, die kleine Hexe, ist nun die einzige Hexe auf der Welt – und sie ist eine gute Hexe! Heia Walpurgisnacht. Seitdem müssen sich die Kinder nicht mehr vor den bösen Hexen fürchten, denn zum einen haben die keine Besen und Zauberbücher mehr und zum anderen ist die kleine, gute Hexe sowieso viel klüger als alle bösen Hexen zusammen.

Die kleine Hexe blieb aber nicht allein, ihr folgten noch viele gute Hexen. Eine dieser netten Hexen, die sich mit flotten Zaubersprüchen in die Herzen der Kinder gehext hat, ist Bibi Blocksberg.

Bibi Blocksberg hat das Hexenhandwerk von ihrer Mutter gelernt, die ebenfalls Hexe ist. Der Besen, auf dem sie herumfliegt, heißt Kartoffelbrei – benannt nach ihrem Lieblingsgericht. Einer der Gegenspieler von Bibi Blocksberg ist der selbstherrliche Bürgermeister aus Neustadt, der gern mit zwielichtigen und korrupten Geschäftsleuten zweifelhafte Projekte vorantreibt. Ohne den Einsatz von Bibi Blocksbergs Zauberkünsten und die Enthüllungen der rasenden Reporterin Karla Kolumna hätte sich Neustadt schon längst in eine lebensfeindliche Wüste voller Autobahnen, Wolkenkratzer und Chemiefabriken verwandelt. Die Hexe zaubert sich zwar ein bisschen frech durchs Leben, aber stets kämpft sie für die gute Sache.

Der Erfolg von Bibi Blocksberg beschäftigte sogar die Bundeszentrale für politische Bildung. Dort ärgerte man sich darüber, dass der Bürgermeister in dem Buch, der ja ein Repräsentant der Politik ist, so schlecht wegkommt. Es sei pädagogisch unverantwortlich, Kindern ein derart negatives Bild von der Politik und den Politikern zu vermitteln, hieß es da. Als Hexe hat man es wirklich nicht leicht: Zaubert man Gutes, ist es nicht recht, zaubert man Böses, auch nicht.

Will, Irma, Taranee, Cornelia und Hay Lin – so heißen fünf moderne Hexen, die von zwei italienischen Comic-Zeichnern im Jahr 2001 für Walt Disney erfunden wurden. Die Anfangsbuchstaben ihrer Vornamen ergeben das Wort »W.i.t.c.h.«. Im Englischen heißt »Hexe« nämlich »witch«.

Den fünf Girls sieht man die Hexenhaftigkeit wirklich nicht an. Sie haben große Manga-Kulleraugen und tragen Kapuzenjacken und Turnschuhe. Auch wenn sie sich in W.i.t.c.h verwandeln, gleichen sie mehr Elfen als Hexen: Sie haben lange Beine und zarte Flügel, mit denen sie aber nicht fliegen können. Jede von ihnen besitzt die Macht über eines der Grundelemente, also Wasser, Feuer, Luft oder Erde. Als sie sich in Heatherfield auf der Schule kennenlernen und von Hay Lins Großmutter ein mystisches Amulett erhalten, geschehen plötzlich sehr merkwürdige Dinge, bei denen die fünf ihre besonderen Kräfte entdecken. Durch ein

---

WEISE FRAU

Das englische Wort »witch« geht auf den keltischen, altenglischen Begriff »wicca« zurück, und das bedeutete »weise Frau«. Weise Frauen wissen heute nicht nur über Kräuter und wie man Kinder zur Welt bringt Bescheid, sie können sich auch gegen Autobahnen wehren und sich um Umweltschutz kümmern.

Orakel wird ihnen offenbart, dass sie als Wächterinnen auserwählt wurden.

Auch Will, Irma, Taranee, Cornelia und Hay Lin haben mit der Bösartigkeit früherer Hexen nichts gemein. Zwar verfügen sie über magische Fähigkeiten, aber diese benutzen sie vor allem, um böse Dämonen zu bekämpfen, die ständig versuchen, das dünne und löchrige Netz zu durchstoßen, das die Erde vom unheimlichen Reich Meridian trennt. Dabei geht es um nichts Geringeres, als unsere schöne Erde vor den bösen Monstern zu retten, die hier die Macht übernehmen wollen.

Natürlich passieren ihnen auch mal kleine magische Missgeschicke, schließlich sind sie noch Anfängerinnen im Hexerei-Handwerk. Sollte es ihnen daher passieren, dass sie einen Unschuldigen in eine Kröte verwandeln, so tut es ihnen schrecklich leid und sie setzen alles daran, den Schaden wieder rückgängig zu machen.

> **HEXENGENERATIONEN**
>
> Harry Potter wird einmal, als er sich beim Zaubern ein bisschen zögerlich anstellt, gefragt: »Bist du nun der Sohn einer Hexe oder nicht?« Natürlich ist Harry Potters Mama eine gute Hexe.

Was machen Hexen heute so?

Während sich vor dreihundert Jahren garantiert niemand freiwillig so bezeichnet hätte, gibt es heute Frauen, die sich selbst gern Hexe nennen. Daran sieht man, wie sich die Zeiten ändern können. Moderne Hexen reiten nicht auf dem Besen. Sie fahren Auto und verabreden sich im Internet. Sie berufen sich auf die Tradition der Hexen als heilkundige und weise Frauen. Deren Wissen wollen sie pflegen und vor dem Vergessen bewahren. Einige von ihnen haben sich zu Gemeinschaften zusammengeschlossen. Bei ihren Ritualfeiern, die oft bei Vollmond und manchmal im Geheimen stattfinden, versuchen sie ihre spirituellen Fähigkeiten zu entwickeln, das heißt ihr Bewusstsein so zu schärfen, dass sie mehr wahrnehmen können als im normalen Alltag. Dabei treten sie mit Geistern und den Totenseelen in Kontakt. Gegner bezeichnen das abwertend als Okkultismus. Der Begriff geht zurück auf das lateinische Wort »occultus« und bedeutet »verborgen«, »geheim«. Manche Leute akzeptieren das aber auch und sagen, dass es sich eben um eine neue Art des religiösen Glaubens und Praktizierens handelt. Sie bezeichnen das als Neopaganismus, als eine »neue Heidenreligion«.

In den siebziger Jahren des vorigen Jahrhunderts gingen in ganz Europa die Frauen auf die Straße, um für mehr Selbstbestimmung und Gleichberechtigung zu demonstrieren. Die Frauen fühlten sich unterdrückt und wollten sich befreien. Besonders gern ließen sie sich am 1. Mai sehen, denn die Walpurgisnacht galt von jeher als die Nacht, in der die Hexen sich auf ihre Besen setzten und sich an bestimmten Orten trafen. Die neuen Hexen trugen deshalb Plakate mit der Aufschrift: »Zittert, zittert, die Hexen sind zurückgekehrt.« Oder: »Auf die Dauer hilft nur Power!« Sie beriefen sich auf die Hexen, weil auch diese Frauen Opfer männlicher Gewalt geworden waren. Zur dieser Zeit wurde das Bild der Hexe gänzlich umgewertet: Aus der ehemals bösen Hexe, die niemand sein wollte, wurde eine positive Figur.

An den Hexen gefiel den kämpferischen Frauen, dass sie unabhängig von Männern waren und sich ihrer eigenen Mächte und Kräfte bedienten, statt als brave Heimchen am Herd das Essen für die Familie zu kochen. Einige hinterwäldlerische Männer beschimpften diese Frauen zwar weiterhin als böse Hexen, aber die Frauen lachten sie nur aus. Die Kraft und die Wildheit der Hexen waren genau das, was diese Frauen haben wollten, weshalb die neue »Frauenpower« auch mit dem Hexenbegriff verknüpft wurde. Im Jahr 1981 berichtete die »Süddeutsche Zeitung« unter der Überschrift: »Walpurgisnacht lässt die Polizei nicht ruhen« Folgendes: »Feministinnen haben in der Nacht zum 1. Mai, der Walpurgisnacht, in zahlreichen Großstädten der Bundesrepublik gegen Diskriminierung und gegen Gewalt gegenüber Frauen demonstriert, wobei es teilweise gewalttätige Auseinandersetzungen

mit der Polizei gab. In Frankfurt zogen in der Nacht des Hexensabbats etwa 1500 Frauen durch die Innenstadt und bewarfen Männer mit Farbbeuteln und rotgefärbten Tampons. Farbgeschosse folgten auch gegen zahlreiche von Polizeiketten beschützte Sex-Shops im Bahnhofsviertel – als Protest gegen die Betrachtungsweise der Frau als Lustobjekt …«

In Göttingen passierte in jener Nacht ganz Ähnliches: Dort zogen hundert Frauen als Hexen verkleidet durch die Stadt und besprühten die Fassaden und Geschäfte mit feministischen Sprüchen und Frauenzeichen. Inzwischen haben sich die Gemüter beruhigt und der politische Kampf ebenso. Die selbsternannten Hexen aber feiern ihr schönes, neues Image alle Jahre wieder am 1. Mai in der Walpurgisnacht.

> **WALPURGISFEST**
>
> **Es ist das Namensfest der heiligen Walburga, einer gelehrten Frau und Äbtissin eines Nonnenklosters. Ihre Heiligsprechung durch Papst Hadrian II. an einem 1. Mai stellte die Verbindung zur heutigen Walpurgisnacht her. Zahlreiche Wundertaten wurden Walburga nämlich zugeschrieben.**

Der berühmteste und bekannteste Versammlungsort für die Hexenparty in der Walpurgisnacht ist der Blocksberg. Eigentlich heißt er Brocken und liegt im Harz. Der Brocken ist ein komischer Berg. Er ist nicht besonders hoch, nur 1142 Meter, aber er ist unheimlich. Wenn die Nebel um den Gipfel wabern und die Sonne tief steht oder der Vollmond hoch, kann es passieren, dass das Brockengespenst erscheint. Das ist ein riesiger Schatten, der sich auf den Wolken fängt. Oben auf dem Berg befindet sich ein Plateau, das sich ideal als Hexentanzplatz eignet. Es wird eingefasst von der »Teufelskanzel« und dem »Hexenaltar«.

Viele Dichter besuchten den Brocken und ließen sich von seiner unheimlichen Erscheinung inspirieren. Einer von ihnen war Johann Wolfgang von Goethe, der nicht nur als Schriftsteller sein Geld verdiente, sondern auch als Bergwerkskommissar unterwegs war. In dieser Funktion besuchte er eines Tages auch den Brocken, denn dort wandte man eine besondere Methode an, um den Fels abzubauen: Weil der Stein so hart war, musste man ihn erst mit Feuer mürbe »kochen«. Dazu wurden Höhlen in den Fels geschlagen, worin das Feuer angezündet wurde. Das muss für Goethe ein sehr eindrucksvolles Schauspiel gewesen sein. Die Flammen prasselten, der Fels sprühte Funken, es entstand eine unglaubliche Hitze – und schließlich splitterte der Fels und krachte mit dumpfem Getöse. Von diesem Anblick ließ sich der große Dichter für die Beschreibung der »Walpurgisnacht« in seinem großen Werk »Faust« inspirieren. Als Faust und Mephisto – der Teufel – sich dem Berg nähern, sagt Faust: »Wie seltsam glimmert durch die Gründe ein morgenrötlich trüber Schein! Und selbst bis in die tiefsten Schlünde des

WAS MACHEN HEXEN HEUTE SO? 185

Abgrunds wittert er hinein. Da steigt ein Dampf, dort ziehen Schwaden, hier leuchtet Glut aus Dunst und Flor. Dann schleicht sie wie ein zarter Faden, dann bricht sie wie ein Quell hervor. Hier schlingt sie eine ganze Strecke mit hundert Adern sich durchs Tal. Und hier in der gedrängten Ecke vereinzelt sie sich auf einmal. Da sprühen Funken in der Nähe, wie ausgestreuter goldener Sand. Doch schau! In ihrer ganzen Höhe entzündet sich die Felsenwand.«

Es ist nicht schwer, mit ein bisschen Fantasie die Arbeit im Bergwerk wiederzuerkennen. Heutzutage zischt und qualmt es nicht mehr so wild. Aber die Walpurgisnacht wird alljährlich am 1. Mai auf dem Brocken als großes Volksfest gefeiert. Es gibt Lagerfeuer, Tanz und Würstchen, und natürlich kommen auch einige Hexen und bringen ihre Besen mit.

Duschen und die guten Geister anrufen!

In England war die Bewegung der neuen Hexen besonders einflussreich. Das liegt an einem Buch, das im Jahr 1921 erschien und eine neue Theorie über den Hexenglauben verbreitete. Das Buch hieß »Hexen-Kult in Westeuropa«, und eine britische Ägyptologin hatte es geschrieben: Margaret Alice Murray. Mrs. Murray entwickelte in diesem Buch die These, dass es in Europa eine uralte Religion gegeben habe, die vor allem von Frauen betrieben wurde und in der es viele Rituale um die Fruchtbarkeit gegeben haben soll. Sie sei von den Kirchen als Hexerei verteufelt und verfolgt worden.

WICCA-RELIGION

Gerald Brousseau Gardner war Engländer und der Erste, der 1954 eine Wicca-Religionsgemeinschaft gründete. Seitdem hat sich eine Unzahl vergleichbarer Gruppen gebildet. Wicca ist eine Mischung aus alten und neuen religiösen und kultischen Elementen. Deshalb gibt es auch viele verschiedene Ausrichtungen. Alle verehren die Natur, aber manche auch die Göttin Diana. Andere wiederum nennen sich Powwow-Hexen (nach den Treffen nordamerikanischer Indianer), Küchenhexen, Seax-Wicca oder Keltic-Witch.

Von vielen Wissenschaftlern wurde Margaret Murrays Argumentation angegriffen und zurückgewiesen. Sie hielten das für totalen Quatsch – und ärgerten sich darüber, dass Murrays Behauptung bei vielen Leuten, vor allem Frauen, großen Anklang fand. Einige waren so begeistert davon, dass sie diese alte Religion und die mit ihr verbundenen Riten wieder aufleben lassen wollten. Sie studierten alte keltische Zauberbücher und sammelten Unmengen von Informationen über Druiden und heidnische Götter. Am Ende entstand dadurch eine neue Religion, die Wicca-Religion. Das Wort »wicca« geht auf das Altenglische »wice« zurück, und das bedeutet »wissen«. Der Name weist also schon darauf hin, dass es um sehr altes Wissen geht. Deshalb wird sie auch »alte Religion« genannt. Magie und Religion sind in ihr eng miteinander verbunden.

> **EVANGELISCH, KATHOLISCH ODER WICCA?**
>
> In Amerika kann man seit 1994 in seinen Pass unter der Rubrik »Religionszugehörigkeit« die Glaubensrichtung Wicca eintragen lassen. Wicca ist in den USA als Religion offiziell anerkannt.

Wicca könnte man eine Religion zum Selbermachen nennen. Denn genau das gefällt den Anhängern dieses Glaubens: Die Verantwortung für das eigene Tun und Handeln spielt bei ihnen nämlich eine große Rolle. Eine Wicca-Regel besagt: »Was du gibst, erhältst du dreifach zurück.« Deshalb verbietet sich in dieser Religion auch jede Art von Schadenszauberei. Weiterhin glauben die Wicca nicht an einen Gott, der weit oben in seinem Himmelreich thront. Für sie wirkt das Göttliche und Heilige überall in der Natur.

Die Wicca wollen im Einklang mit den Kräften der Natur leben – und genau dazu dienen ihre Rituale. Wenn eine Wicca-Hexe zusammen mit anderen ein Wicca-Ritual abhält, kommt es ihnen vor allem darauf an, die verschiedenen natürlichen Energien zu aktivieren. Wichtig ist dabei, sich zuerst zu reinigen. Das geht am besten mit einer Dusche. Danach muss sich die Hexe »erden«, damit sie während des Rituals nicht in eine ungewollte Sphäre entschwebt. Anschließend wird ein Kreis um alle Beteiligten gezogen, damit die Kräfte auch wissen, wo sie hin sollen. Wenn das geschehen ist, werden die vier Elemente – Luft, Feuer, Wasser und Erde – angerufen. Spüren

> **SAMHAIN-NACHT**
>
> Ein wichtiges Fest der Wicca ist Samhain. Es wird in der Nacht vom 31. Oktober auf den 1. November gefeiert (und ist überall als Halloween bekannt). In der keltischen Religion war es das Neujahrsfest, und die Wicca zelebrieren diesen Tag als Beginn des Hexenjahrs. In dieser Nacht soll es möglich sein, mit den Verstorbenen zu kommunizieren, weil die Tore zur »Anderswelt« offen stehen. Die Wicca weihen ihre Ritualgegenstände ein, und neue Hexen werden durch eine Zeremonie in den Glauben und die Gruppe eingeführt.

alle Beteiligten diese Energien in sich, wird den Kräften erklärt, worum es geht und was man von ihnen erwartet. Es kann sein, dass man mit Steinen, Kerzen, Rauch oder einem Zauberstab hantiert, um den Geistern und sich selbst vor Augen zu führen, was man erreichen will.

Hexen surfen im Internet

Wenn man bei Google den Begriff »Hexe« eingibt, erscheinen Tausende von Seiten. Viele Nachwuchshexen suchen im Internet Kontakt zu erfahrenen Hexen und möchten von ihnen die Hexenkunst lernen. Von den erwachsenen »neuen Hexen« und den Wicca-Gläubigen werden diese jungen Mädchen etwas verächtlich Fluffy-Bunny genannt. Das bedeutet »weichgespülter Kuschelhase«. Sie nehmen diese Teenies nicht so richtig ernst, weil sie meistens durch Fernsehserien wie »Buffy« oder Comics wie »W.i.t.c.h.« zur Hexerei gekommen sind, und das gilt in eingeweihten Wicca-Kreisen und Hexencliquen als oberflächlich.

> **HEXEN GESUCHT!**
>
> Ein Aufruf aus dem Internet: »Ich suche Hexen aus Wien. Ich wohne im 23. Bezirk, und ich würde mich sehr gern mit anderen Hexen treffen, denn ich bin noch eine Junghexe. Ich heiße Ina und bin dreizehn Jahre alt. Ich will eine Hexe sein, aber ich weiß nicht, was alles dazugehört. Nur Zaubersprüche aussprechen und Zaubertränke machen? Ich weiß es nicht, deshalb brauche ich welche, die es mir beibringen können. Ich bin sehr lernfähig!! Ich bin auch sehr nett, also Probleme werdet ihr mit mir nicht bekommen :) Meldet euch bitte! Eure Ina«

Diese neue Begeisterung für Zauberei, Geheimwissen und magische Praktiken wird unter dem Begriff »Okkultismus« zusammengefasst. Nicht zu verwechseln mit Aberglauben, der natürlich auch weiterhin existiert. Der Aberglaube übernimmt einfach alte Glaubensvorstellungen, ohne weiter über diese nachzudenken. Ein Beispiel: Man hat Glück, wenn man einem Schornsteinfeger begegnet – oder Pech, wenn der 13. eines Monats auf einen Freitag fällt. Beim Okkultismus geht es dagegen um eine Geheimlehre. Der Okkultist glaubt, durch bestimmte magische Rituale und Zeremonien ein besonderes Wissen von den Dingen und ihren Zusammenhängen zu erlangen. Viele Menschen sind von den mysteriösen Mächten und Kräften fasziniert und erhoffen sich alles Mögliche von ihnen: Glück in der Liebe, Gesundheit, Macht, Reichtum, Wissen über die Zukunft. Und so hat sich für dieses Bedürfnis ein richtiger Markt gebildet, eine Art Okkultkommerz. Am Anfang nahm man hauptsächlich die Dienste eines Magiers in Anspruch, der einem mit »seherischem Rat« und »magischer Hilfe« am Telefon weiterhalf.

Heute spielt sich der Okkultkommerz vor allem im Internet ab. Bei www.hexen.org findet sich alles, was die moderne Nachwuchshexe braucht. Natürlich ist das nicht ganz billig, aber die Hexensprüche sind immerhin kostenlos. Sie werden von großzügigen Hexen umsonst ins Netz gestellt. Zum Beispiel muntert uns dort die Hexe Barbarella mit dem Spruch: »Krötenschleim und Drachenbein, lasst uns immer fröhlich sein!« auf. Freyas Weisheit klingt eher dramatisch: »Oh, heilige Mondgöttin, die du dich zeigst mir im Lichte deiner Liebe. Halte deine schützende Hand über mich und be-

> **OKKULTISMUS**
>
> Die Anhänger des Okkultismus beschäftigen sich mit dem Geheimnisvollen sowie unerklärlichen Phänomenen und Erfahrungen. Der deutsche Philosoph Theodor W. Adorno fand eine ganz eigene Definition dafür: »Okkultismus ist die Metaphysik der dummen Kerle.«

freie mich von meiner Last. Schenk mir Ruhe und Unbekümmertheit, lass meine Schmerzen schwinden, auf dass ich ihn nie wieder sehe!« Das ist wohl ein Anti-Liebeskummerzauber. Eher optimistisch zaubert Hexe Julia: »Kommt, ihr Hexen, lasst mich leben, helft mir meinen Schatz zu lieben.«

Das übrige Hexenzubehör muss man in einem Online-Shop bestellen, etwa ein Zauberbuch oder ein Hexenauge. Das Hexenauge ist laut Beschreibung vielseitig einsetzbar. Im Ritual *sieht* es für die Hexe ins Reich der Magie. Man kann es aber auch als Amulett um den Hals tragen, dann sollte man das Auge aber besser schließen, damit es die Leute auf der Straße nicht anstarrt. Das ist erstens unhöflich und zweitens gefährlich, denn manche könnten gar hypnotisiert werden durch die Macht des Hexenauges. (Wir glauben das nicht und halten das für einen miesen Werbetrick.) Wem das alles zu kompliziert ist, der kann sich ein persönliches Schutzamulett töpfern lassen. Das sieht aus wie ein Waldschrat mit zwei Hörnern, ist aber garantiert einzigartig. Und es hat auch einen Namen, zum Beispiel Bellator, Lividus oder Auditores. Auditores hat besonders große Ohren, mit denen er das Raunen aus den magischen Sphären vernehmen kann und uns warnt, wenn Gefahr aus der Zwischenwelt droht. Von solchem Unfug sollte man besser die Finger lassen!

HEXEN ONLINE

Hexe Steffi schrieb auf www.hexen.org: »Marcus groß und Marcus klein, einen Kuss und ich war dein. Lass ihn weder schlafen noch ruhen, bis er mir gibt seinen Liebesschwur.«

Doch schaut euch »Buffy« an, wenn ihr Lust auf Hexerei, Vampirjagden und böse Dämonen habt. Das ist eine Fernsehserie, in der ein Mädchen gleichen Namens die Hauptrolle spielt. Buffy ist hübsch und bei ihren Mitschülerinnen beliebt, meist schlägt sie sich mit den üblichen Teenagerthemen und Problemen herum. Das ändert sich aber schlagartig, als ein mysteriöser Mann in ihrem Leben auftaucht und ihr mitteilt, dass sie eine Auserwählte ist. Ihre Aufgabe sei es, Vampire zu töten und so die Welt von den bösen Mächten zu befreien. Zuerst sträubt sie sich gegen ihre Berufung, aber schließlich akzeptiert sie sie, entwickelt ihre magischen Kräfte und kämpft gegen die Vampire. Der Erfinder der »Buffy«-Serie fand es blöd, dass Mädchen und Frauen in den Horrorfilmen immer bloß kreischend in einer Ecke stehen, wenn ein Monster auftaucht, und von irgendeinem blassen Jüngling gerettet werden müssen. Er wollte ein starkes Mädchen, das sich selbst verteidigen kann. Mit dieser Idee traf er genau ins Schwarze, denn Buffy ist die erste Hexe, die es auf hundert Folgen im Fernsehen gebracht hat und die von ihren Fans heiß und innig geliebt wird.

Aber nicht nur junge Mädchen waren und sind von ihr begeistert, sondern auch ältere, und sogar die Wissenschaft begann sich für die Hexe zu interessieren. Auf den Kulturseiten der Tageszeitungen wurde das »Phänomen Buffy« bereits von klugen Leuten analysiert, und an amerikanischen Universitäten gibt es Seminare über die Fernsehfigut. Erste Bücher sind auch schon erschienen.

Telefonieren und telepathieren

Volkskundler erforschen ja fremde Kulturen, manche von ihnen Witze, andere Fußballfans und einige eben auch Hexen. Dabei lesen sie nicht nur Bücher, sondern gehen auch empirisch vor. Das heißt: Der Forscher mischt sich unter die Leute, stellt ihnen viele Fragen, beobachtet sie und schreibt dabei alles auf – Feldforschung nennt sich das.

> **MEDIUM**
>
> Manche Hexen bezeichnen sich als Medium. Damit wollen sie ausdrücken, dass sie über die Fähigkeit verfügen, mit den Seelen der Toten zu sprechen, und einen besonders heißen Draht zu allem Überirdischen haben. Sie sind davon überzeugt, Signale und Botschaften von verschiedenen Geistern, Göttern und Dämonen empfangen zu können. Diese Begabung zur außersinnlichen Wahrnehmung wird »mediale Fähigkeit« genannt.

Wenn so ein Volkskundler die »neuen Hexen« erkunden wollte, würde er sich zu einer spirituellen Sitzung einladen lassen und alles genau beobachten und festhalten. Genau das haben wir getan. Wir haben uns zu einer »Steinsitzung« bei einem Medium einladen lassen. Ein Medium ist jemand,

WAS MACHEN HEXEN HEUTE SO? 193

der mit Totengeistern sprechen kann und Nachrichten aus der Geisterwelt erhält. Man sagt auch, jemand hat den sechsten Sinn oder das zweite Gesicht, ist medial begabt oder sensitiv.

Die spirituelle Sitzung fand natürlich abends statt, in einem schönen, großen Haus. Die Frau, die uns empfing, war freundlich. Alle acht Teilnehmer mussten ihr eine bestimmte Summe übergeben, erst danach erhielt man die Erlaubnis, an der Sitzung teilzunehmen. Das Medium selbst saß in einem Nebenraum und bereitete sich gedanklich vor. Als alle im Halbkreis um einen Tisch Platz genommen hatten, kam die medial begabte Frau herein und stellte einen Kassettenrekorder und einen Stapel Kassetten auf den Tisch. Sie sah kein bisschen wie eine Hexe aus, sondern wie eine nette ältere Dame.

Alle Eingeladenen hatten einen Stein mitgebracht, den sie auf den Tisch legten, nummeriert mit kleinen Zettelchen. Das Medium stand neben dem Tisch und erklärte nun den weiteren Ablauf. Sie würde jeweils einen der Steine in die Hand nehmen und die Augen schließen. Die Geister und Ahnen, die der Person, der dieser Stein gehört, etwas mitzuteilen hätten, würden dann zu ihr sprechen. Sie selbst würde alles Gesehene und Gesprochene wiedergeben. Der Kassettenrekorder zeichne alles auf, und die jeweilige Person bekomme am Ende die Kassette, damit sie sich zu Hause alles

> **DER EINE-MILLION-DOLLAR-BEWEIS**
>
> James Randi ist Kanadier, von Beruf Zauberer und nebenberuflich Skeptiker. Als Bühnenmagier kennt er sich mit allen möglichen Tricks aus und weiß, wie man es hinbekommt, dass das Publikum etwas glaubt. Er misstraut aber allen, die die Existenz von übersinnlichen Phänomenen behaupten. Aus diesem Grund setzte er einen Preis aus: Eine Million Dollar erhält derjenige, der unter kontrollierten wissenschaftlichen Bedingungen seine übersinnlichen Fähigkeiten unter Beweis stellt. Seit über dreißig Jahren ist es niemandem gelungen. Der Preis steht also immer noch aus.

noch mal in Ruhe anhören könne. Wenn die Geister alles gesagt hätten, würde sie fragen, wem der Stein gehöre und ihn der Person zurückgeben. Danach könne die Person Fragen stellen, falls etwas unklar sei. Zu einem späteren Zeitpunkt gehe das nicht mehr, denn dann sei der Kontakt zu den Ahnen abgebrochen. Das sei so wie Telefonieren: Wenn die Leitung einmal unterbrochen ist, müsse man ja auch erst wieder neu wählen.

Dann ging es los. Als Erstes nahm sie den Stein in die Hand, der die Nummer drei hatte. Sie betrachtete ihn und beschrieb, wie er aussah: rosa und zackig. Danach schloss sie die Augen. Die

Dame sah ein älteres, etwas altmodisch gekleidetes Paar: »Er trägt einen grauen Anzug und sie eine Schürze. Ihre Haare sind schon grau, aber sehr ordentlich frisiert. Die beiden stehen ganz gerade da. So gerade und nah, wie sie da beieinander stehen, so haben sie auch im Leben immer zusammengestanden. Sie wollen der Person, der der Stein gehört, sagen, dass sie immer bei ihr sind und dass sie an sie denken. Sie sind auch sehr zufrieden mit allem, was diese Person macht und wie sie ihren Lebensweg geht.« So sprach das Medium, oder besser: So sprachen die Totengeister durch das Medium hindurch. Die nette Dame sagte ausschließlich nette Sachen. Die Frau, der der Stein gehörte, fing an zu weinen, weil sie so gerührt war. Es musste sich bei dem älteren Paar wohl um die Eltern oder die Großeltern der Frau gehandelt haben. Anschließend nahm das Medium den nächsten Stein, und so ging es weiter, bis alle an der Reihe gewesen waren. Am Ende der Sitzung blieben alle noch eine Weile zusammen und plauderten. Die Frau, die uns empfangen hatte, servierte Salzstangen und Gummibärchen.

Eine Verbindung mit Totengeistern, Engeln oder Seelen von Verstorbenen durch ein Medium in Einzelsitzungen oder in Séancen, wo mehrere Zuhörer anwesend sind, ist keine Erscheinung, die erst von den neuen Hexen erfunden wurde. Der Glaube an Medien hat eine lange Tradition und ist in vielen Kulturen verbreitet. Auch in der Überlieferung der großen Weltreligionen finden sich solche medialen Ereignisse. In der Bibel gibt es die Geschichte, in der Moses von Gott den Befehl erhält, die Israeliten aus ägyptischer Gefangenschaft zu befreien. Gott hat sich natürlich nicht persönlich gezeigt, sondern in Gestalt eines brennenden

Dornbuschs zu Moses gesprochen. Und der Islam beruft sich auf einen medialen Gründungsmythos: Der Erzengel Gabriel soll Mohammed den Koran diktiert haben. Mediale Phänomene begleiten die Menschheit also schon seit sehr langer Zeit.

Vor einigen Jahren war eine Wissenschaft sehr populär, die sich Parapsychologie (»para« bedeutet »neben«) nennt. Sie hatte es sich zur Aufgabe gemacht, sogenannte Psi-Phänomene zu untersuchen, also Kommunikationsphänomene, die sich nicht der normalen sinnlichen und technischen Mittel bedienen, sondern auf physikalisch nicht erklärbare Weise passieren: zum Beispiel Gedankenlesen oder Hellsehen (auch Telepathie genannt) oder das Verbiegen von Löffeln mit reiner Willenskraft (Psychokinese). Kurz gesagt: Parapsychologie ist die Wissenschaft von ungewöhnlichen menschlichen Erfahrungen.

Ihr Begründer in Deutschland heißt Hans Bender. Er eröffnete 1950 in Freiburg ein Institut für Parapsychologie und war sogar ordentlicher Professor an der Universität. Trotz vielfältiger Versuchsanordnungen und der Erfindung von komplizierten Geräten, ist es bis heute nicht gelungen, die Möglichkeit von Telepathie experimentell nachzuweisen. Die strengen Naturwissenschaftler triumphieren daher und sagen: »Wie ihr seht, übersinnliche Phänomene gibt es nicht.« Tatsächlich treten aber immer wieder Ereignisse auf, die sie nicht erklären können. Zum Beispiel ist da der Fall einer Frau, die auf einer Party plötzlich schreckliche Angst bekam und schnell mit dem Taxi nach Hause fuhr. Dort fand sie ihr Kind vor, das mit dem Erstickungstod kämpfte. Es konnte in letzter Minute gerettet werden. Immer wieder wird von solchen Hellsehereien berichtet, und die Naturwissenschaft kann dazu auch nur mit den Schultern zucken und etwas von Zufall und experimenteller Wiederholbarkeit, die gegeben sein muss, murmeln. Vielleicht sollte man derartige Fälle deshalb gar nicht als magisch betrachten, sondern als Beispiele außergewöhnlicher menschlicher Kommunikation.

Wir nehmen oft viel mehr wahr, als wir wissen oder uns bewusst ist. Und sicher gibt es Menschen, die in besonderem Maße dazu fähig sind, Dinge zu spüren und zu registrieren. Wenn diese unbewussten Wahrnehmungen in einem arbeiten und vielleicht durch ein Ritual oder eine Meditation bewusst werden, kann es sein, dass diese Person auf einmal hellsieht. Sie weiß oder spürt etwas, das ihr nicht direkt gesagt oder gezeigt wurde, sondern sich auf anderen Wegen in den Kopf geschlichen hat. Überflüssig zu erwähnen, dass sich so etwas natürlich nicht in den von den Naturwissenschaften geforderten experimentellen Anordnungen nachbauen lässt.

Gläserrücken im Geheimen

Das Freiburger Institut für Parapsychologie existiert noch immer, und es berät heute vor allem Menschen, die verwirrt sind, weil es bei ihnen zu Hause spukt oder sie von falschen Magiern mit leeren Versprechungen hinters Licht geführt und um ihr Geld betrogen wurden. Viele scheinbar unerklärliche Phänomene konnten die Mitarbeiter des Instituts aufklären und den Menschen so ihren Seelenfrieden wiedergeben. Dazu gehörte ein junger Mann, der allein in seiner Wohnung lebte. Immer wieder hörte er dort eigenartige Stimmen und ein Flüstern, wofür er die Ursache nicht finden konnte. Um der Sache auf den Grund zu gehen, lauschte er in jeden Winkel der Wohnung. Nach einiger Zeit – es dauerte eine Weile – fand er die Lösung für die rätselhaften Stimmen: Es war der Teekessel auf seinem Herd, der Unverständliches vor sich hin murmelte. Der junge Mann wandte sich daraufhin an das Institut für Parapsychologie und erzählte von diesem merkwürdigen Fund. Dort fragte man ihn gleich, ob in der Nähe seines Hauses vielleicht ein Radiosender stünde.

Tatsächlich ragte nicht weit von seiner Wohnung entfernt eine Funkanlage in den Himmel, und damit war das Rätsel gelöst: Sobald der Mieter seinen Kessel auf den Herd stellte, ging dieser auf Empfang und sendete das Radioprogramm, aber so leise, dass es sich wie Geisterstimmen anhörte.

Ein anderes Phänomen, das die Geisterjäger immer wieder beschäftigt hat und inzwischen mit natürlichen Mitteln erklärt werden konnte, ist das Gläserrücken. Dieses wird bei spirituellen Sitzungen praktiziert, bei denen zumeist mehrere Personen anwesend sind. Man nennt das Ganze auch Gläseln, und ähnlich wie bei dem menschlichen Medium, etwa jener oben erwähnten älteren Dame, geht es hier ebenfalls darum, Botschaften aus der Geisterwelt oder von den Toten zu erhalten. Nur spricht bei diesen Sitzungen nicht ein Mensch, sondern ein Glas. Dazu wird ein solches in die Mitte eines Buchstabenkreises gestellt. Anschließend legen die Teilnehmer einen Finger ganz leicht an das Glas, und die Sitzung beginnt. Das Glas beginnt zu schwingen, und wenn es sich eingeschwungen hat, werden ihm Fragen gestellt. Die erste lautet: »Bist du da, großer Geist?« Das Glas beginnt nun auf dem Buchstabenkreis zu wandern und formuliert auf diese Weise die Antwort: »Ja.«

Der große Geist ist also da. Danach werden weitere Fragen in den Raum geworfen, und das Glas gibt die Antworten, indem es wiederum auf den Buchstaben herumwandert.

Diese Art der Geisterbefragung ist sehr beliebt. Es gibt sie in verschiedenen Varianten, nicht nur mit einem Glas. Beispielsweise werden auch schreibende Pendel oder Stühle eingesetzt. Viele Menschen sind davon fasziniert und manche sogar erschüttert, wenn sie eigentlich nicht an Geister und Spuk glauben, bei so einer Sitzung aber die Erfahrung machen, dass das Glas tatsächlich sinnvolle Antworten gibt und sich von alleine bewegt.

Das Gläserrücken wurde ausgiebig erforscht und lässt sich so erklären: Wenn Menschen Emotionen haben, äußert sich das auch in Muskelkontraktionen. Meist sind sie minimal. Fliegt man jedoch mit dem Fahrrad hin oder entkommt nur knapp einem Unfall, erfährt also einen großen Schreck, zittern einem die Knie, und das sind schon deutliche Muskelkontraktionen. Sitzt man nun in einer Gruppe zusammen, bei der alle in spannungsvoller Stimmung sind und alle in etwa das Gleiche erwarten, addieren sich die Gefühle der Beteiligten und die damit verbundenen Muskelkontraktionen so, dass sie das Glas eben in die Richtung der entsprechenden Buchstaben bewegen. Die Fragen, die bei solchen Sitzungen gestellt werden, sind nämlich meistens sehr einfach und eindeutig. Durch das Glas spricht also nicht irgendein großer Geist, sondern das unbewusste Wünschen und Denken der Gruppe – oder zumindest das der Mehrheit in der Runde. Das Glas wird durch die minimalen, unmerklichen Zitterbewegungen in Richtung der erhofften Buchstaben bewegt.

Für das scheinbar rätselhafte Gläserrücken gibt es somit eine wissenschaftlich plausible Erklärung. Ganz ähnlich ist es mit vielen anderen Spukphänomenen, mit denen das Freiburger Institut für Parapsychologie zu tun bekommt. Die meisten entstehen in den Köpfen der Menschen, ohne dass sie es wissen.

Manchmal kommt es bei naturwissenschaftlichen Experimenten jedoch zu Messungen und Erscheinungen, die die Forscher mit ihren Theorien nicht erklären können und sie deshalb in Verlegenheit bringen. Bei einem dieser Experimente geht es um bestimmte Teilchen. Man nennt sie »verschränkte Teilchen«, weil sie miteinander in Beziehung stehen. Wenn sich solche Teilchen an zwei

> **LÜGENDETEKTOR**
>
> Der Lügendetektor basiert darauf, dass die Gesichtsmuskelkontraktionen der befragten Personen gemessen werden. Dass jemand bei einer Antwort lügt, kann man daran feststellen, dass bestimmte Muskeln dann besonders intensiv vibrieren – auch wenn man das äußerlich gar nicht sieht.

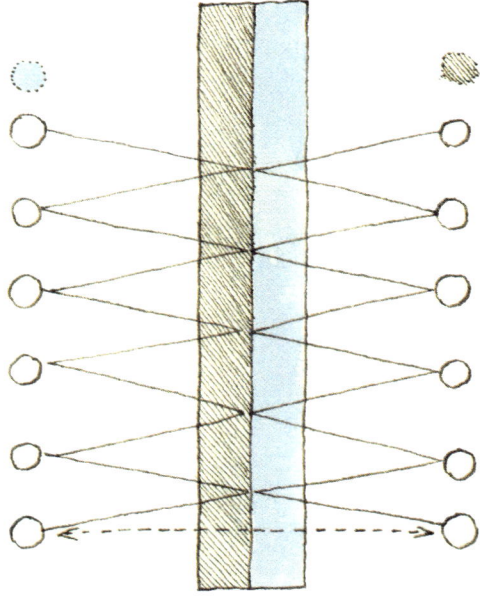

verschiedenen Orten befinden und man bei dem einen eine Messung vornimmt, realisiert sich der gleiche Messwert auch an dem anderen Teilchen. An sich ist es nicht ungewöhnlich, dass sich Teilchen gegenseitig beeinflussen, man nennt das Fernwirkung. Seit Albert Einsteins Relativitätstheorie gilt aber, dass die wechselseitige Beeinflussung von Teilchen maximal mit Lichtgeschwindigkeit passieren kann. Obwohl das natürlich unheimlich schnell ist, so bedeutet es doch, dass es zwischen den beiden Ereignissen eine klitzekleine Verzögerung geben müsste. Die existiert aber nun nicht. An beiden Teilchen kann derselbe Messwert zur selben Zeit festgestellt werden. Einstein spottete deshalb, hier müsse es sich um »spukhafte Fernwirkungen« handeln, denn damit sei eine physikalische Grundregel verletzt.

Einem Physiker lässt so etwas keine Ruhe, nicht zuletzt, weil nun die Kritiker der Naturwissenschaften frohlocken und »ätsch« rufen. Er kann sich auch nicht damit begnügen zu sagen: »Na ja, das ist nur ein Einzelfall, aber ansonsten stimmt mein Naturgesetz.« Der Physiker will, dass sein Naturgesetz immer und überall gilt, sonst wäre es kein Gesetz. Wenn ein ärgerlicher Fehler auftaucht, muss er ihn entweder so einsichtig darlegen, dass seine Theorie gerettet wird. Oder er muss seine Theorie umschmeißen und eine neue finden, die eben alles erklärt: diesen dummen Einzelfall, aber auch das andere.

So gegensätzlich moderne Naturwissenschaft und Magie auf den ersten Blick erscheinen, so teilen sie doch eine Gemeinsamkeit. Beide wollen die Welt verstehen und erklären, und zwar nicht bloß ein bisschen, sondern im Ganzen, das heißt

den ganzen Kosmos. In der magisch-astrologischen Kosmologie wurde vor rund zweitausend Jahren das gesamte Weltgeschehen durch die Bewegung der Sterne und diese wiederum durch die über ihnen stehenden Sternengötter bestimmt. Alle natürlichen Ereignisse hingen von den Wirkungsmächten der Sterne ab. Die dafür zuständige Wissenschaft war die Astrologie.

Dieses Weltbild wurde durch Beobachtungen, intensives Nachdenken und umfangreiche Berechnungen einiger kluger Männer umgestürzt.

> **ASTRONOMIE UND ASTROLOGIE**
>
> Astronomie und Astrologie waren als Wissensgebiete im Altertum nicht voneinander getrennt. Nach heutigem Verständnis untersucht die Astronomie streng wissenschaftlich Aufbau und Entstehung des Universums, während die Astrologie sich mit den Einflüssen der Gestirne auf irdische Ereignisse befasst und dabei sogar das Schicksal der Menschen vorhersagen will – was einer wissenschaftlichen Prüfung nicht standhält.

Einer der Ersten, die sich mit der alten Astrologie anlegten, war Galileo Galilei (1564–1642). Er behauptete nämlich, dass sich nicht die Sonne um die Erde drehe, so wie es damals geglaubt wurde, sondern umgekehrt die Erde um die Sonne. Das war schon ein ziemlicher Skandal, und er wurde sogar wie eine Hexe vor ein Inquisitionsgericht zitiert, wo er seine freche Äußerung zurücknehmen sollte. Galileo und noch einige andere Forscher der damaligen Zeit konnten die Bewegungen der Himmelskörper mit ihren mathematischen Berechnungen vorhersagen, und sie waren sich sicher, dass die Sonne das Zentrum all dessen ist. Sie wussten aber nicht, warum sich die Planeten auf Bahnen um die Sonne bewegen.

Die Antwort auf diese bedeutsame Frage fand ein anderer Physiker schließlich ungefähr hundert Jahre später: Sir Isaac Newton, ein Engländer, entdeckte das Gesetz der Schwerkraft. Dies besagt eigentlich etwas ganz Selbstverständliches, nämlich das gegenseitige Anziehen durch Massen. Der Apfel fällt also vom Baum auf die Erde und fliegt nicht in den Himmel. Entsprechend verhalten sich die Himmelskörper zueinander. Damit war das magisch-astrologische Weltbild endgültig ausgehebelt. Die Astrologie wurde ins Reich des Aberglaubens verbannt, und Astronomie, Mathematik und Physik erstrahlten als schöne, neue Wahrheit. So wie bei ehemaligen Freunden, die sich zerstritten haben, so ist es auch mit den Naturwissenschaften und der Magie: Als einstige Verbündete beäugt man sich heute ganz genau und grenzt sich sorgfältig voneinander ab. Anhänger der Magie halten Naturwissenschaftler für arrogante Schnösel und Ignoranten, die nur das gelten lassen, was sich ihren Gesetzen unterordnet. Die Physiker und Astronomen wiederum sehen in Astrologen nur hoffnungslose Hinterwäldler, die man einfach nicht ernst nehmen kann.

Die Macht der Worte

Die menschliche Sprache ist etwas ganz Besonderes. Wissenschaftler behaupten, dass unser Denken direkt mit der Sprache verbunden ist. Erst wenn wir etwas benennen können, können wir es auch verstehen. Die Wahrnehmung der Welt wäre demnach stark durch die Sprache bestimmt.

Im normalen Alltag dient sie zur Verständigung und Kommunikation der Menschen untereinander: »Ach, gib mir doch mal die Butter.« – »Danke!« – »Was wollen wir denn am Wochenende machen?« – »Du willst nicht ins Kino?« – »Dann vielleicht lieber Baden gehen?« Und so weiter und sofort. Das ist alles eher harmlos. Anders sieht es bei einem

Satz wie: »Es tut mir leid« aus, den man sagt, wenn man etwas angestellt hat. Mit diesen Worten hat man nicht nur ein paar Laute produziert, sondern auch etwas getan: Man hat sich entschuldigt. Ihr habt bestimmt schon mal diesen Satz von eurer Mutter gehört: »Wenn du deine Hausaufgaben nicht machst, gibt es diesen Monat kein Taschengeld.« Das ist eine handfeste Drohung, die äußerst beunruhigend sein kann. Wer möchte gern auf sein Taschengeld verzichten?! Spricht ein Richter ein Urteil, sind die Folgen für einen Beschuldigten sogar ziemlich konkret: »Aufgrund dieser Beweislage verurteile ich den Angeklagten zu drei Jahren Haft ohne Bewährung.« In anderen Ländern kann ein Urteilsspruch sogar den Tod bedeuten. Sprechen ist also auch Handeln.

In der Zeit, als man an die Hexen glaubte, ging man selbstverständlich davon aus, dass etwas Gesagtes eine große Wirkung besaß. Beim Gesundbeten, Segnen oder Besprechen von Krankheiten und Murmeln von Zauberabwehrsprüchen versuchten die Menschen mit Worten etwas zu tun – und somit eine Veränderung in der Welt zu erreichen. Das war ganz normal. Und genauso wie man jemanden gesundbeten konnte, war es möglich, ihn mit Worten zu verwünschen, zu verfluchen oder zu verbannen. Und für diesen Schaden waren die Hexen verantwortlich.

Die Wirkung von Worten hat jeder von uns bestimmt schon einmal erlebt. Wenn man uns beleidigt oder anschreit, werden wir wütend oder bekommen Angst. Wir schwitzen, unser Herz schlägt viel schneller, wir werden rot oder weiß im Gesicht. Obwohl es nur Worte waren, Schallwellen. Dennoch verursachen sie messbare körperliche Reaktionen, die wir unmittelbar an uns wahrnehmen. Das gilt natürlich genauso für Worte, die wir gern hören. Eine Liebeserklärung wie »Ich liebe dich« besteht nur aus drei schlichten Wörtern – und doch löst sie ganz viel aus. Schmetterlinge im Bauch, Luftsprünge und vieles mehr. So sollen Verliebte viel besser geschützt sein gegen Krankheiten als Menschen, die gerade ohne eine Liebe durchs Leben gehen.

In Russland lebt ein Wissenschaftler, der die Möglichkeit der Sprachmagie erforscht. Er heißt Peter Gariaev und beschäftigt sich an der Akademie der Wissenschaften in Moskau mit einer ganz neuen Disziplin: der Wellengenetik. Die Wellengenetik betrachtet die Gene, die in unserem Körper die Erbinformationen beinhalten, nicht als ein für alle Mal festgelegt. Diese Forschungsrichtung meint, dass sie sich in einem ständigen Austausch mit der Außenwelt und deren Einflüssen befinden. Die entsprechende Kommunikation funktioniert mit elektromagnetischen Wellen. Das sind die gleichen Wellen, die auch beim Radio eine Rolle spielen, wo sie in Schallwellen umgewandelt werden, sodass wir sie als Musik oder Sprache hören und verstehen können.

Peter Gariaev hat nun ein Experiment gestartet, das auch auf einem Umwandlungsprinzip basiert, nur in umgekehrter Richtung: Er hat ganz normale Bohnen besprochen, um seine These zu beweisen, dass man mit der menschlichen Sprache Gene beeinflussen kann. Vergleichbar ist das mit dem Versuch einer Hexe, jemandem mit einem Zauberspruch einen Schweineschwanz anzuhexen. In beiden Fällen würde man das genetische Programm umändern. Damit die Gene der Bohnen das Gesagte auch verstehen, hatte der russische Wissenschaftler die von ihm ausgesuchten Texte in elektromagnetische Wellen verwandelt. Der Clou dabei: Es waren nicht immer dieselben Inhalte, die die einzelnen Bohnen zu hören bekamen. Und siehe da: Auf die verschiedenen Texte reagierten die Bohnen stark voneinander abweichend. Diejenigen, die einem sinnvollen Text ausgesetzt waren, wuchsen schneller als diejenigen, denen Gariaev nur Worte wie »Bla bla bla« und »Hoppeta« vorspielte. Er sah damit seine Theorie bestätigt. Man muss dazu aber sagen, dass das Ganze noch in den Kinderschuhen steckt und bisher nicht von anderen Wissenschaftlern überprüft wurde.

Was ist denn Placebo?

Ein anderes Beispiel: In der Schulmedizin zählte lange Jahre nur das, was sich physikalisch nachweisen ließ. Der Körper wurde als eine Art biologische Maschine aufgefasst. Jedes Teil darin hat eine Funktion, und man muss es reparieren oder austauschen, wenn die Maschine »krank« wird und nicht mehr richtig arbeitet. Inzwischen haben aber zahlreiche Forschungen gezeigt, dass der Mensch doch keine reine Maschine ist. So hat man beispielsweise bei der Erprobung von Medikamenten festgestellt, dass auch Tabletten, die keinen einzigen Wirkstoff enthalten – die sogenannten Placebos –, eine heilende Wirkung auf die Patienten haben können. Mit naturwissenschaftlichen Ansätzen konnte das nicht erklärt werden. Also forschte man auf diesem Gebiet weiter und variierte die Größe sowie die Farbe der Placebopillen. Dabei

stellte man fest: Große Pillen halfen besser als kleine, bunte mehr als graue. In Amerika ging man sogar so weit, Patienten nur zum Schein zu operieren, was man ihnen aber nicht sagte. Bei harmlosen Knieproblemen setzte man beispielsweise auf diesen Placeboeffekt. Und um glaubwürdig zu sein, fügte man dem Patienten noch ein paar oberflächliche Ritzer zu und legte zum Schluss einen schicken Verband an. Nach zwei Jahren wurden die Menschen wieder befragt, und es stellte sich etwas Sensationelles heraus: Über 90 Prozent der Patienten, die man gar nicht wirklich operiert hatte, sagten, sie seien vollkommen schmerzfrei und sehr zufrieden mit der OP (von der sie natürlich immer noch glaubten, sie habe stattgefunden).

Und was hat der Placeboeffekt nun mit Hexerei zu tun? Er zeigt, dass der Glaube und die Hoffnung des Patienten bei der Heilung eine entscheidende Rolle spielen. Aber auch das Gespräch mit dem

Arzt, die Größe und Farbe der eingenommenen Medikamente, die Aufregung vor der Operation, alles, was den eigentlichen Heilungsprozess begleitet. Allein durch die Tatsache, dass etwas passiert, werden im Gehirn bestimmte Stoffe ausgeschüttet, die entzündungshemmend und schmerzstillend wirken. Der Körper hilft sich also selbst, wenn der Mensch denkt, dass ihm geholfen wird.

Der Placeboeffekt wirft auch ein neues Licht auf die Frage nach der Möglichkeit des Gesundzauberns. Wenn ein tolles medizinisches Theater mit schönen Requisiten wie großen Spritzen, grünen Pillen und überzeugend schauspielernden Ärzten eine Heilung ermöglicht, so kann man sich zu Recht fragen, wieso frühere Heilkundige und Krankheitsbanner nicht ebenfalls erfolgreich gewesen sein sollten. Ein für die Vorstellungswelt der Menschen überzeugendes Ritual vermochte mit Sicherheit eine Gesundung zu bewirken.

Doch wenn es möglich ist, durch bestimmte Rituale und Handlungen einen Heilungsprozess auszulösen, könnte es dann nicht auch möglich sein, auf diese Weise einen Krankheitsprozess zu verursachen? Beispiele dafür sind bekannt. In Melanesien, einem Gebiet im westlichen Pazifischen Ozean, gibt es einen Todeszauber, der schon einige Missionare und Völkerkundler in Erstaunen versetzt hat. Die Menschen leben dort auf kleinen Inseln und in noch kleineren Dörfern. Bis vor einigen Jahrzehnten hatten manche Bevölkerungsgruppen noch nie Kontakt mit einem Weißen gehabt. In der Religion der Melanesier spielen das Jenseits und die Totengeister eine wichtige Rolle. Ebenso sind der Clan und die Familienbande für das soziale Leben sehr bedeutend, weiterhin die Geheim- und

Männerbünde, die über die Geschicke der Dorfgemeinschaft entscheiden. So kann es passieren, dass man beschließt, eine bestimmte Person habe kein Recht mehr zu leben, sie solle zu Tode kommen. Obwohl keine sichtbare Gewalt angewendet wird, stirbt diese Person tatsächlich innerhalb von wenigen Tagen. Wissenschaftler, die bei den Melanesiern lebten, haben versucht, solche Personen zu retten – ohne Erfolg.

Die Ethnologen, die Zeuge solcher Ereignisse wurden, erklärten sie damit, dass der Glaube an Hexerei für diese Menschen so real ist, dass er die Macht hat, zu töten oder Menschen krank zu machen. Für uns klingt es verrückt, dass man durch andere krank gemacht werden kann. Eine Krankheit wird im Normalfall als ein Problem des Körpers verstanden, das man behandeln kann. Man geht zum Arzt, wird untersucht, bekommt ein Medikament verschrieben – und wird wieder gesund. In anderen Kulturen gibt es aber Auffassungen über die Ursachen von Krankheiten, die uns fremd sind. Einige Völker halten es für völlig selbstverständlich, dass man durch Neid, Missgunst oder Eifersucht seiner Mitmenschen krank werden kann.

Doch wie ist es möglich, dass Menschen und ihr Verhalten Einfluss auf unsere Gesundheit haben? Wenn man sich überlegt, dass unser Empfinden sehr davon abhängt, mit wem wir zusammen sind, ob es Streit gibt oder Spaß, und dass unsere Psyche auch einen Einfluss auf unser körperliches Befinden hat, dann hört sich das schon gar nicht mehr so abwegig an. In unserem Denken und Sprechen gibt es entsprechende Hinweise dafür. Zum Beispiel sagen wir manchmal: »Du machst mich krank.« Schulkinder, die auf einmal Bauch- und Kopf-

schmerzen bekommen, wissen, dass in solchen Fällen ein paar Tage außerhalb des Klassenzimmers wahre Wunder bewirken können.

Hexerei – wie eh und je

Noch heute glauben Menschen an Hexen. In Deutschland wurden dazu Umfragen gemacht, und das Ergebnis war, dass zehn bis fünfzehn Prozent der Bevölkerung an die Möglichkeit von Hexerei glauben. Da die Untersuchung mehrmals wiederholt wurde und sich das Ergebnis nie änderte, kann man davon ausgehen, dass es sich dabei nicht um eine vorübergehende Mode handelt. Jeder zehnte Mensch, den ihr auf der Straße trefft, glaubt an

Hexen. Das ist nicht gerade wenig. Aber auch die Kirche hält bis heute an der Vorstellung eines personifizierten Teufels fest. Papst Johannes Paul II. hat jedenfalls häufig betont, dass es einen solchen gebe.

> **WAHRE WUNDER**
>
> Bei uns gibt es die Redewendung: »Der Glaube kann Berge versetzen.« Und wenn mehrere Menschen das Gleiche glauben, was in einer Gemeinschaft nichts Ungewöhnliches ist, verstärkt sich dieser Glaube und erscheint als die einzig mögliche Wahrheit und Wirklichkeit.

Obwohl wir in einer aufgeklärten Gesellschaft leben, ist auch der Aberglaube noch längst nicht ausgestorben: Freitag der 13. ist ein Unglückstag – das weiß jeder. Überhaupt ist es ganz schwierig mit der Dreizehn. In vielen Hotels gibt es ein Zimmer mit dieser Nummer nicht. Manche Fußballer weigern sich zu spielen, wenn auf ihrem Trikot die Nummer 13 steht, und auch in Flugzeugen bleibt Platz 13 öfter leer. Und dann das Theater mit der schwarzen Katze: Wenn eine solche einem von links über den Weg läuft, bedeutet es Unglück, von rechts jedoch Glück. Oder war es genau umgekehrt? In England gibt es noch eine andere Variante dieses Aberglaubens: Kreuzt eine schwarze Katze deinen Weg, ist es gut, im umgekehrten Fall aber schlecht. Und was haben wir noch im Angebot? Man soll sich nicht über einer Türschwelle die Hand reichen, das bringt Unglück. Wenn man ein vierblättriges Kleeblatt findet, ist das Glück gewiss. Und um einen ausgesprochenen Wunsch nicht zu gefährden, soll man dreimal auf Holz schlagen und dazu »toi, toi, toi« sagen.

Meistens ist dieser Aberglaube völlig harmlos, jedoch gibt es auch Fälle, mit denen sich die Gerichte beschäftigen müssen – etwa in Form einer Verleumdungsklage. In den fünfziger Jahren verklagte eine junge, kinderlose Frau einen Mann, weil er sie als Hexe beschuldigt hatte. Diese Frau, die mit ihrem Mann in einem kleinen Dorf in der Rhön lebte, wurde von den Einheimischen plötzlich wie Luft behandelt. Man grüßte sie nicht mehr, wechselte die Straßenseite, wenn sie kam, wich ihrem Blick aus oder erwiderte ihn hasserfüllt. Die Frau war natürlich sehr verwirrt. Zuerst dachte sie, es hätte mit einem unerklärlich verstorbenen Kind zu tun, um das alle trauerten. Aber sogar ihr eigener Mann verhielt sich ihr gegenüber abweisend und feindselig. Schließlich erklärte er ihr, dass alle Welt glaube, sie hätte das Kind mit Hexerei getötet. Schließlich sei sie die Letzte gewesen, die mit ihm gespielt habe, und bestimmt sei sie neidisch gewesen, weil sie selbst keine Kinder habe. Die Frau traute ihren Ohren kaum – und klagte vor Gericht. Dort bekam sie selbstverständlich recht, und ihre Beschuldiger wurden bestraft. Aber was nützte das? Wie sollte sie in einer Gemeinschaft leben, die sie hasste? Sie trennte sich von ihrem Mann und zog weg, um woanders ein neues Leben zu beginnen.

Nicht nur in Europa, auch in anderen Gegenden auf dieser Welt wird weiterhin an Hexerei geglaubt. In Südafrika ist es etwa ganz normal, dass bei einem bevorstehenden Fußballspiel mit Hexerei nachgeholfen wird. Jeder Verein hat einen persönlichen Hexer, der vor dem Spiel beauftragt wird, ein magisches Ritual auszuführen, damit das Team gewinnt. Der Hexer steht genauso wie der Trainer auf der Gehaltsliste des Clubs. Und wie dem Trainer,

WAS MACHEN HEXEN HEUTE SO? 215

so droht auch dem Magier die Arbeitslosigkeit, wenn sein Team ständig verliert.

Und wie sieht nun so ein magisches Ritual aus? Ein Völkerkundler, der auch leidenschaftlich gern Fußball spielt, machte sich zu diesem Zweck auf den Weg zu einer Dorfhexe. Als er dort ankam, wusste sie schon Bescheid, denn in Afrika spricht sich vieles schnell herum – mit Telefon oder ohne. Und das war noch nicht alles, denn die Hexe befand sich schon in Trance und murmelte etwas vor sich hin. Nach einer Weile ritzte sie dem Wissenschaftler und Spieler die Haut ein und bestrich die Stelle mit einer frisch angerührten Paste. Danach übergab sie ihm ein Säckchen, in das Magie eingenäht war. Dieses musste er in sein Trikot nähen und beim Spiel tragen. Vor dem Spiel sollte er zusätzlich auf einem Stöckchen kauen sowie auf den Anstoßpunkt spucken. Tatsächlich schoss er beim nächsten Spiel mehr Tore als sonst. Er meinte, dies könnte auch daran gelegen haben, dass an diesem Tag das gesamte Team besser gespielt habe.

Wir lassen das an dieser Stelle einfach einmal unkommentiert und berichten lieber von einem Trainer, der mit einem ganz besonderen Zauber sein Team zum Sieg führte. Er beauftragte einen Chemiker, der ihm eine Kreide zusammenrühren sollte, die sich beim Kontakt mit Wasser entzündet. Mit dieser Kreide präparierte er am Tag vor dem Spiel den Anstoßpunkt. Kurz vor dem Anpfiff, beide Teams hatten sich auf dem Platz versammelt, schritt der Trainer zielstrebig auf den Anstoßpunkt zu, alle Augen folgen ihm. Er spuckte aus – und der Rasen brannte. Ein Raunen ging durch das Stadion, und das gegnerische Team wagte während des Spiels kaum die Mittellinie zu überqueren. Die Mannschaft mit dem magiebegabten Trainer gewann klar mit 3:0. Hex, hex! Wer zaubert, der tut etwas.

Alle Hexerei besteht aus Handlungen, und alle Handlungen sind auch von Vorstellungen begleitet. Der Trainer weiß natürlich, dass es ein Trick ist, der mit Chemie funktioniert. Aber die entsetzten Fußballspieler deuten die Ereignisse ganz anders. Sie sehen hier einen mächtigen Hexer am Werk. Für sie ist der brennende Anstoßpunkt Zauberei, und sie wirkt, wie man am Torverhältnis unschwer erkennen kann – und nur darauf kommt es an.

Woher weiß man das alles über die Hexen?

Wie findet ein Wissenschaftler eigentlich neue Erkenntnisse? Setzt er sich hin, denkt ganz kräftig nach und hat dann eine Erleuchtung? Oder lässt er es in seinem Labor knallen und rauchen, schreibt alles auf und kommt auf diese Weise zu neuen Wahrheiten? Natürlich denken Forscher nach, sie experimentieren auch, und sie füttern Computerprogramme mit Daten, und der Computer berechnet etwas, das nur sie verstehen können. Aber die allermeiste Zeit verbringen sie damit, Bücher von anderen Wissenschaftlern zu lesen, um sich mit deren Erkenntnissen auseinanderzusetzen, sie zu verbessern oder zu kritisieren. In der Wissenschaft wird sehr viel gelesen. Die wenigsten Forscher finden neue Erkenntnisse einfach irgendwo in der Welt. Fast alles Wissen stützt sich auf das, was in anderen Büchern steht. Aus diesem Grund muss jeder Forscher angeben, welche Ideen, Gedanken und Argumente er von einem Kollegen oder einer Kollegin übernommen hat. Wenn er das nicht tut, verstößt er gegen die heiligen Regeln der Wissenschaft. Dann schmückt man sich mit fremden Federn. Noch schlimmer: Es ist Diebstahl. Diebstahl geistigen Eigentums. Ja, auch Gedanken haben Besitzer. Verwendet man einen, muss man angeben, von wem man ihn sich ausgeborgt hat. Deshalb werden hier die Autoren und Quellen erwähnt, ohne die dieses Buch nicht hätte geschrieben werden können:

Anderson, Bonnie S., und Judith P. Zinsser: Eine eigene Geschichte. Frauen in Europa. Band 1: Verschüttete Spuren. Frühgeschichte bis 18. Jahrhundert. Zürich 1992

Baschwitz, Kurt: Hexen und Hexenprozesse. Die Geschichte eines Massenwahns und seiner Bekämpfung. München 1963

Behringer, Wolfgang: Der Traum vom Fliegen. Zwischen Mythos und Technik. Frankfurt am Main 1991

Behringer, Wolfgang: Hexen. Glaube, Verfolgung, Vermarktung. München 2005

Beuys, Barbara: »Johanna von Orléans«. In: Holl, Adolf (Hg.): Die Ketzer. Hamburg 1994

Daxelmüller, Christoph: Aberglauben, Hexenzauber, Höllenängste. Eine Geschichte der Magie. München 1996

Digitale Bibliothek: Hexen. Analysen, Quellen, Dokumente. Band 93

Dinzelbacher, Peter: Heilige oder Hexen? Schicksale auffälliger Frauen in Mittelalter und Frühneuzeit. Zürich 1995

van Dülmen, Richard (Hg.): Hexenwelten. Magie und Imagination vom 16.–20. Jahrhundert. Frankfurt am Main 1993

Eliade, Mircea: Schamanismus und archaische Ekstasetechnik. Frankfurt am Main 1997

Evans-Pritchard, Edward Evan: Hexerei, Orakel und Magie bei den Zande. Frankfurt am Main 1978

Fink, Gerhard: Who's who in der antiken Mythologie. München 2005

Freud, Sigmund: Totem und Tabu. Frankfurt am Main 1995

Ginzburg, Carlo: Die Benandanti: Feldkulte und Hexenwesen im 16. und 17. Jahrhundert. Hamburg 1993

Harmening, Dieter: Hexen heute. Würzburg 1991

Harris, Marvin: Fauler Zauber. Unsere Sehnsucht nach der anderen Welt. Stuttgart 1993
Karlinger, Felix: Geschichte des Märchens im deutschen Sprachraum. Darmstadt 1988
Kramer, Heinrich: Der Hexenhammer. Malleus Maleficarum. Hg. von Günter Jerouschek und Wolfgang Behringer. München 2000
Labouvie, Eva: Zauberei und Hexenwerk. Ländlicher Hexenglaube in der frühen Neuzeit. Frankfurt am Main 1991
Piaget, Jean: Das Weltbild des Kindes. München 1994
Preussler, Otfried: Die kleine Hexe. Stuttgart 1971
Rowling, Joanne K.: Harry Potter und der Stein der Weisen. Hamburg 1999
Ruff, Margarethe: Zauberpraktiken als Lebenshilfe. Magie im Alltag vom Mittelalter bis heute. Frankfurt am Main 2003
Scherf, Walter: Die Herausforderung des Dämons. München 1987
Schirmer, Eva: Mystik und Minne. Frauen im Mittelalter. Berlin 1991
www.wdr.de/tv/quarks/ (Sendung »Gute Hexen, böse Hexen« vom 21. Oktober 2003)

Die verschiedenen Hexen aus aller Welt, die im ersten Kapitel auftauchen, wurden von der WDR-Sendung »quarks« übernommen. Überlegungen zum Ursprung des Hexenglaubens gehen auf Wolfgang Behringer zurück. Alle alten Sagen und Anekdoten im Buch, die in so einer eigentümlich alten Sprache verfasst sind, befinden sich auf der CD-ROM der Digitalen Bibliothek.

Die Dialoge mit dem kleinen Giamb und weitere von Piaget gesammelte Zitate finden sich in Jean Piagets Buch. Das animistische Denken der Kinder

und ihre Neigung, den Dingen Befehle zu erteilen, hat Sigmund Freud erstmals beschrieben. Viele Überlegungen zur Magie verdanke ich Eva Labouvie. Auch die Anekdote über die junge Dienstmagd, die Geschichte von Lena Meyer, dem abergläubischen Abt sowie den Schwestern Sunna und Barbell hat Eva Labouvie in alten Quellen gefunden.

Alle Geschichten über die Zande und die Magie in Afrika stammen von Edward Evan Evans-Pritchard. Mit den Dämonen, die im zweiten und dritten Kapitel auftauchen, kennt sich Christoph Daxelmüller sehr gut aus. Die Geschichte über Agrippa von Nettesheim hat Kurt Baschwitz beschrieben. Auch die Hexenjagd von Salem und die Hexenwaage von Oudewater gehen auf ihn zurück. Das wunderbare Buch »Der Traum vom Fliegen« von Wolfgang Behringer war die wichtigste Quelle für das Kapitel »Warum reiten Hexen auf dem Besen?«. Der Aufstieg des Schamanen wird von Mircea Eliade beschrieben. Alle Geschichten über die Bendandanti verdankt das Buch Carlo Ginzburg. Die Funktionsweise des Gehirns kann man wiederum auf »quarks« nachlesen. Über das Leben der Frauen im Mittelalter wussten Bonnie S. Anderson und Judith P. Zinsser Bescheid. Die Biografien von verschiedenen Frauen hat Peter Dinzelbacher erforscht. Mit Johanna von Orléans kennt sich Barbara Beuys sehr gut aus. Die Geschichten über Menschenfresser und Bollerwagen finden sich bei Felix Karlinger. Über den Sinn des Gefressenwerdens hat sich Walter Scherf interessante Gedanken gemacht. Auch das Märchen von der schönen Vasilisa wurde seinem Buch entnommen. Über den Fußballzauber in Afrika hat ein Ethnologe berichtet. Der Dank geht an Frank Gries.

Die **Kinder-Uni** entstand aus einer gemeinsamen
Initiative des Schwäbischen Tagblatts
und der Eberhard Karls Universität Tübingen.

Verlagsgruppe Random House FSC-DEU-0100
Das für dieses Buch verwendete FSC-zertifizierte Papier *Munken Premium*
liefert Arctic Paper Munkedals AB, Schweden.

1. Auflage
Copyright © 2009 Deutsche Verlags-Anstalt, München,
in der Verlagsgruppe Random House GmbH
Alle Rechte vorbehalten
Gestaltung und Satz: Sieveking GmbH, München
Gesetzt aus der Fairfield, Gill Sans
Umschlaggestaltung: Berndt & Fischer, Berlin
Lithographie: Helio Repro GmbH, München
Druck und Bindung: CPI – Clausen & Bosse, Leck
Printed in Germany
ISBN 978-3-421-04301-6

www.dva.de
www.die-kinder-uni.de